B·T
태극권

Body Tensegrity Tai Chi

B·T 태극권

발행일	2021년 12월 22일

지은이	최윤희		
펴낸이	손형국		
펴낸곳	(주)북랩		
편집인	선일영	편집	정두철, 배진용, 김현아, 박준, 장하영
디자인	이현수, 한수희, 김윤주, 허지혜, 안유경	제작	박기성, 황동현, 구성우, 권태련
마케팅	김회란, 박진관		
출판등록	2004. 12. 1(제2012-000051호)		
주소	서울특별시 금천구 가산디지털 1로 168, 우림라이온스밸리 B동 B113~114호., C동 B101호		
홈페이지	www.book.co.kr		
전화번호	(02)2026-5777	팩스	(02)2026-5747
ISBN	979-11-6836-052-5 03690 (종이책)		979-11-6836-053-2 05690 (전자책)

잘못된 책은 구입한 곳에서 교환해드립니다.
이 책은 저작권법에 따라 보호받는 저작물이므로 무단 전재와 복제를 금합니다.

(주)북랩 성공출판의 파트너

북랩 홈페이지와 패밀리 사이트에서 다양한 출판 솔루션을 만나 보세요!

홈페이지 book.co.kr • **블로그** blog.naver.com/essaybook • **출판문의** book@book.co.kr

---

작가 연락처 문의 ▶ ask.book.co.kr

작가 연락처는 개인정보이므로 북랩에서 알려드릴 수 없습니다.

포스트코로나 시대,
더 건강한 삶을 위한 평생운동

B·T 태극권

Body Tensegrity Tai Chi

최윤희 지음

북랩 book Lab

서문

"If you do not give importance to your health today, then tomorrow your health will also not give importance to you.
(만약 오늘 당신이 당신의 건강을 중요하게 생각하지 않는다면, 내일 당신의 건강 또한 당신을 중요하게 생각하지 않을 것이다.)"[1]

태극권은 소우주인 인간의 육체에 우주의 법칙이 적용된 아름다운 몸짓입니다.

물질의 구조와 기능에 작용 되는 우주의 법칙이 '텐세그리티tensegrity'[2]이며 태극권의 요결要訣 또한 이 법칙에서 벗어나지 않습니다.

사람들은 종종 자신도 자연이라는 것을 잊어버리고 살고 있습니다.

분해되면 대부분 'CHNO(탄소, 수소, 질소, 산소)'에 불과하다는 것을 의식하지 못한 채 자연과 동떨어진 특별히 대단한 무언가로 착각하고 있습니다. 그러니 자연의 법칙에서 점점 멀어지고, 그럴수록 심신이 불안정하게 되는 것은 당연합니다.

태극권은 인위적이고 강제적이지 않은 자연스러운 인간의 동작들로 구성되어 있습니다. 그러므로 신체에 무리가 가지 않으면서도 에너지가 잘 순환되어 건강을 유지할 수가 있습니다.

---

1) 「65+ Health Quotes To Be Happier In Life」, QuotesLifetime, https://quoteslifetime.com/health-quotes.html
2) 텐세그리티tensegrity: 'tension(장력, 긴장)'과 'integrity(완전한 상태, 안정성)'의 합성어.

태극권은 더 이상 무술로만 존재하지 않으며 양생으로서, 더 나아가 인생의 참된 목적을 추구하게 하는 방편으로서 존재합니다.

사람들은 태극권과 태권도를 구분하지 못하며, 심지어 택견이나 태보 등처럼 "ㅌ"만 붙어도 헷갈려 합니다. 혹은 태극권을 기공체조 정도로만 알고 있기도 합니다. 심지어 이렇게 느린 동작이 무슨 운동이 되겠냐는 사람도 있습니다.

그러나 사람들이 이런 생각들을 해도 상관없습니다. 태극권의 본질은 하나이고 불변이기 때문입니다.

태극권에서 각자 얻어 가는 것과 성취는 개개인의 문제이고 자유입니다. 단지 저는 이 감탄스러운 태극권에 대한 정보와 귀중한 경험을 공유해서 많이 알리고 필요한 사람들에게 도움이 되기를 바라는 마음으로 책을 쓰게 되었습니다.

저는 이 책을 통해서 'B·T 태극권'이라는 용어를 처음 공개합니다. 그렇다고 새로운 태극권을 만들었다는 뜻은 아닙니다.

B·T 태극권은 새로운 태극권이 결코 아닙니다. 태극권의 몸을 움직이는 모든 요결에 '텐세그리티 법칙'이 예외 없이 적용된다는 것을 발견했고, 거기에 초점을 맞춰 전통 태극권의 전통적인 이론을 현대의 언어로 알기 쉽고 명확하게 재해석하고 이것을 바탕으로 태극권의 올바른 수련을 돕고자 만든 단순한 수련지침일 뿐입니다.

저는 이 책을 내면서 많은 고민을 했습니다. 제가 하고픈 이야기와 'B·T 태극권'이라는 제목으로 책을 내는 이유가, 제 졸필로 인해 잘 전달되지 못할까 봐 걱정되었기 때문입니다.

편리함과 신속함을 추구하느라 움직임을 잃어버린 현대 생활에서 운동은 선택이 아닌 필수입니다. 병원이나 TV에서 전문가들이 "건강을 지키기 위해서는 반드시 운동을 하셔야 합니다."라고 말하는데, 일반 사람들은 무슨 운동을 어떻게 해야 하는지 잘 모릅니다.

건강을 위해 할 수 있는 정보는 매체에서 얻은 몇 가지가 전부입니다. 선택의 폭이 생각보다 그다지 많지 않습니다.

자신의 상태를 고려하지 않고 운동만 무조건 한다고 몸이 좋아지지는 않습니다. 자신에게 맞지 않는 운동으로 오히려 건강이 악화되는 경우도 있습니다. 더군다나 인간의 몸은 기계처럼 개별적으로 기능하는 것이 아니며, 유기적으로 연결되어 있기 때문에 항상 전체적인 관점에서 신체를 바라보는 운동이 병행되어야 합니다.

운동은 개인의 취향에 따라 저마다 선택할 수 있지만 저는 태극권을 추천합니다. 많은 이유를 말할 수 있지만 그중에 하나를 선택한다면 저는 "깊이가 끝이 없어서 평생을 해도 도달하기 힘든 운동이기 때문"이라고 이야기하겠습니다.

인간은 '내 몸 사용 설명서' 없는 신체를 가지고 태어났습니다. 우리의 몸은 스스로 조화와 균형을 유지하며 작동되는 완벽한 시스템으로 움직이고 있으며, 병에 걸렸을 때 스스로 치유하는 자가치유 능력까지 갖추고 있습니다. 다만 신체에 대한 잘못된 인식과 움직임, 그리고 생활 습관으로 건강한 몸을 유지하려는 신체의 노력에 반해 점점 질병과 퇴화에 취약한 몸으로 변해 가지만, 스스로는 여전히 젊고 건강할 것이라 믿고 아직도 자기 몸을 이해하려는 노력 없이 소중하게 생각하지 않고 함부로 대하고 있습니다. 이제 한계에 다다른 몸이 보내는 신호에 귀 기울일 때입니다.

태극권은 고장난 몸을 다시 원상태로 되돌리는 것을 목표로 수련하기에 적합한 운동입니다. 그러나 그동안 쌓인 잘못된 습관이 쉽게 고쳐지지 않습니다. 평생을 수련해야 합니다.

습관을 고치는 과정은 힘들지만, 좋은 습관은 평생 가져가야 하는 운동.

나이가 들어도 평생 할 수 있는 운동.

시간이 흐른 만큼 깊이와 성취를 이룰 수 있는 운동.

태극권은 그러한 운동입니다.

B·T 태극권을 통해 인간이 원래 갖고 있던 기능과 자연치유력을 회복시키고 건강한 삶을 영위하는 데 커다란 도움을 드리고 싶습니다.

고전classic이란 시간을 초월해서 변하지 않는 인간의 본질적인 사상을 기록한 것으로, 오랜 세월이 흘러도 그 가치가 사라지지 않는 것입니다. 필자는 태극권을 '운동 중의 고전'이라고 부르고 싶습니다. 진정 가치 있는 것은 진가를 알아보는 사람들에 의해 세월이 오래 흘러도 사라지지 않고 존재하는 것처럼. 태극권 역시 그 안에 내포된 변치 않는 가치와, 태극권을 사랑하는 많은 사람들의 요구에 의해 시간을 초월해서 존재할 것입니다.

마지막으로 책을 집필하는 데 많은 도움을 주신 정원일 관장님과 홍성욱 선생님께 감사의 말씀을 드립니다.

2021. 11. 00

최윤희

차례

서문 … 4

제1장 텐세그리티 Tensegrity

1. 텐세그리티의 이해 … 14
   1) 텐세그리티의 정의 / 14
   2) 일상생활 속의 텐세그리티 / 16

2. 텐세그리티와 인체 … 19
   1) 바이오텐세그리티 Bio-Tensegrity / 19
   2) 인체 구조 / 20
   3) 관련 운동과 새로운 기조 / 35

제2장 건강한 삶과 운동

1. 운동은 왜 하는가? … 40
   1) 운동의 목적과 이유 / 40
   2) 운동의 효과 / 44
   3) 운동과 양생 46
   4) 운동과 생활 습관 / 58
   5) 운동과 노년 / 68

2. 삶을 건강하게 해 주는 운동 … 71
   1) 고강도 운동과 중강도 운동 / 72
   2) 느림의 미학 / 78

제3장 B·T 태극권 Body Tensegrity Tai Chi

1. 전통 태극권과 B·T 태극권 … 82
  1) 전통 태극권의 역사 / 82
  2) 태극권 수련의 목적 / 83
  3) 태극권의 문제점 / 84
  4) B·T 태극권이란? / 86

2. B·T 태극권 입장에서 바라본 태극권의 효과 … 88
  1) 몸의 효과적인 긴장과 이완 / 90
  2) 바른 자세 만들기 / 98
  3) 상실하허上實下虛에서 하실상허下實上虛로 / 104
  4) 다이어트Diet / 106
  5) 건강한 노년 / 112

3. B·T 태극권에서 바라본 태극권 요결要訣 … 115
  1) 전통 태극권 요결 / 115
  2) 머리와 목 — 허령정경虛領頂勁 / 117
  3) 가슴과 등 — 함흉발배涵胸撥背 / 123
  4) 허리, 엉덩이, 다리 — 기침단전氣沈丹田 / 128
  5) 어깨와 팔 — 침견추주沈肩墜肘 / 136
  6) 배합과 조화 — 입신중정立身中定 / 140

4. B·T 태극권의 미래 … 143
  1) 태극권의 대중화 / 143
  2) 지도자의 양성 / 146

제4장 B·T 태극권 B·T Taichi 기본체조

1. B·T 태극권 기본체조 … 152

    0) 예비세預備勢 / 152
    1) 무릎 굽혀펴기 / 154
    2) 등 뒤로 깍지끼고 발뒤꿈치 들어 올리기 / 156
    3) 머리 위로 팔꿈치 잡고 옆구리 운동 / 157
    4) 머리 위로 깍지끼고 고개 젖히기 / 158
    5) 나무 자세에서 몸통 돌리며 팔 벌리기 / 160
    6) 양팔 모았다 펴기 / 162
    7) 허리 숙였다 팔 돌려 몸통 젖히기 / 163
    8) 어깨 돌리기 운동 / 165
    9) 뒤꿈치로 엉덩이 차기 / 167
    10) 팔 벌리며 좌우로 고개 돌리기 / 168

제5장 B·T 태극권 B·T Taichi 투로

1. B·T 태극권 투로의 이해 … 172

    1) B·T 태극권 투로 의의 / 172
    2) B·T 태극권 투로 구성 / 175

2. B·T 태극권 투로 … 177

    0) 예비세預備勢 / 177
    1) 1식 기세起勢 / 178
    2) 2식 우붕세右掤勢 / 179
    3) 3식 운수雲手 / 180

4) 4식 단편單鞭 / 181

5) 5식 천지룡穿地龍 / 182

6) 6식 좌금계등각左金鷄蹬脚 / 183

7) 7식 우금계등각右金鷄蹬脚 / 185

8) 8식 도권굉倒卷肱 / 186

9) 9식 전신추장轉身推掌 / 188

10) 10식 옥녀천사玉女穿梭 / 190

11) 11식 격지추擊地捶 / 192

12) 12식 우전신제右轉身擠 / 193

13) 13식 반란추搬攔捶 / 194

14) 14식 쌍추수雙推手 / 195

15) 15식 십자수十字手 / 196

16) 16식 수세收勢 / 197

참고문헌 ⋯ 199

텐세그리티
Tensegrity

> "운동은 하루를 짧게 하지만, 인생을 길게 해 준다."
> — 엘리엇 조슬린 Elliot joslin (당뇨병 전문의)

1. 텐세그리티의 이해

1) 텐세그리티의 정의

텐세그리티Tensegrity라는 명칭은 'tension(장력, 긴장)'과 'integrity(완전한 상태, 안정성)'의 합성어로 '장력을 이용해 만들어진 안정된 구조체' 혹은 '긴장 상태의 안정성'을 뜻합니다.

텐세그리티라는 단어는 미국인 '버크민스터 풀러Richard Buckminster Fuller'[3]가 1955년에 처음 발표했으며 1962년 '텐세그리티 구조로 특허등록을 했습니다. 명칭에서 추측할 수 있듯이 이 이론은 처음에는 건축 분야에서 사용되었습니다.

역학계에 있는 물체는 외부에서 힘이 작용할 때, 그 외력에 반응해 형태를 그대로 유지하기 위해서 물체 내에 내력이라는 것이 생기는데 그것을 응력이라고 합니다. 만약에 인장력이나 압축력과 같은 외력만이 존재한다면 물체의 형태가 망가지고 무너지게 됩니다. 때문에 형태의 균형을 이루기 위해서는 인장력이나 압축력에 대응하는 응력이 물체 내부에 생기게 되는데, 인장력에 대해서는 인장응력이,

---

3) 버크민스터 풀러Richard Buckminster Fuller(1895~1983): 미국의 건축가, 시스템 이론가, 작가, 디자이너, 발명가이자 미래학자.

압축력에 대해서는 압축응력이 생기게 되며, 이로 인해 물체의 내력이 외력과 평형상태를 이루어 형태를 유지하게 되어 변화하는 주변 환경에 적응하기 위한 안정된 구조체로서 존재하게 됩니다.

　기존의 건축물 구조물이 압축부재를 이용해 설계한 것에 비해 풀러는 자연의 물질이 모두 텐세그리티 구조를 이용해서 만들어졌다는 확신을 가졌고, 이 확신에 기초를 두고 팽창하는 인장력에 대항하는 인장부재와 압축력에 대항하는 압축부재가 균형을 이룰 때 가장 튼튼하고 안정성을 갖는다고 보았습니다. 풀러가 확신한 텐세그리티 구조를 간단히 살펴보면 다음과 같습니다.

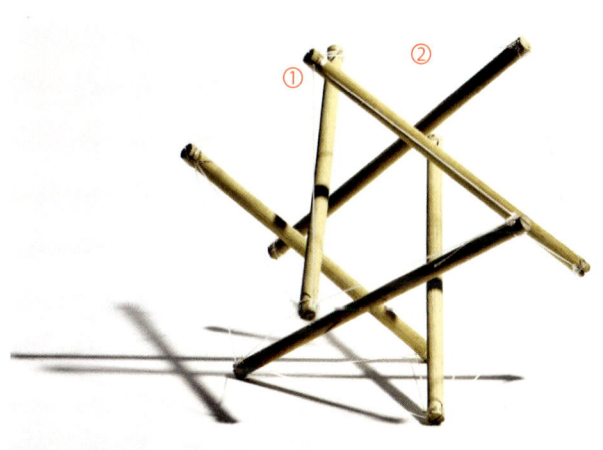

텐세그리티 구조체|Tensegrity Structure

　위 사진은 간단한 텐세그리티 구조체로서, 사진 속 ①은 압축부재인 나무이고 ②는 인장부재인 고무줄입니다.

　이 구조체는 압축부재 사이를 인장부재가 최단 거리로 연결되어 있는데 이와 같은 배치로 인해 인장부재의 긴장이 구조체의 안정성을 확보하는 데 기여를 합니다. 이런 연유로 '긴장 상태의 안정성tensional Integrity'이라는 단어를 조합해서 '텐세그리티tensegrity'라고 명명되었습니다. 따라서 모든 텐세그리티 구조체는 모양에 상관없이 '인장부재'와 '압축부재'라는 두 가지 요소로 이루어져 있습니다.

이 두 가지 부재는 각자의 역할(압축력 및 인장력에 저항)에 따라 평상시 균형을 이루고 있으며, 연속 혹은 비연속적인 상황에 반응을 하면서 균형을 잡습니다.

또한, 텐세그리티 구조는 최소한의 인장부재와 압축부재의 결합으로 인해 굉장히 가볍고 튼튼하며 유동성이 있다는 특징이 있습니다. 기존 구조물이 폐쇄적인 형태를 가지는 것이 일반적이라면 텐세그리티 구조물은 공간을 차지하는 부재의 수가 적음을 알 수 있는데 그로 인해 목적 구조물의 무게가 가벼워지는 것을 텐세그리티의 특징 중 하나로 표현합니다. 하지만 가볍다고 해서 구조가 약하지는 않은데, 구조물질의 성질로 인해 텐세그리티 구조는 가볍지만 굉장히 튼튼하고 안정되며, 경제적인 목적 구조물을 만드는 데 기여합니다.

2) 일상생활 속의 텐세그리티

텐세그리티 구조물은 적은 부재로 많은 하중을 지지할 수 있으며 경우에 따라서는 외력에 대한 자유도가 높아서 지진이나 진동 등에 강력하게 대응할 수 있습니다. 다만 건축물을 이루는 자재 중 일부가 공중에 떠 있는 형태로 인해 시공 및 유지보수에 어려움이 있습니다. 우리나라에서는 서울 올림픽체조경기장(지금의 KSPO DOME) 지붕 구조물이 텐세그리티 이론을 적용한 건축물이며, 호주에는 텐세그리티 구조를 이용해 건축한 브리즈번의 '쿠릴파 다리Kurilpa Bridge'[4]가 있어 지역의 명물로 소개되고 있습니다.

우리 주변에서 흔히 접할 수 있는 텐세그리티 구조를 이용한 대표적인 제품으로는 텐트를 꼽을 수 있습니다. 텐트는 폴대와 천막이라는 최소한의 자재로 강력한 구조를 이루어 가볍고 옮기기 쉬워 캠핑 마니아들의 필수품으로 각광받고 있습니다. 그 외에도 테이블, 의자, 자전거 휠 등 텐세그리티 구조를 이용한 다양한 제품들이 있습니다.

텐세그리티 구조를 이용한 테이블(https://www.coroflot.com/konstant73/Tensegrity-furniture)

---

4) 쿠릴파 다리Kurilpa Bridge: 2009년 호주 퀸즐랜드 주 브리즈번이 브리즈번강에 만든 보행자 및 자전거 전용 다리.

이 외에도 지오데식 돔geodesic dome 역시 텐세그리티 구조물입니다.

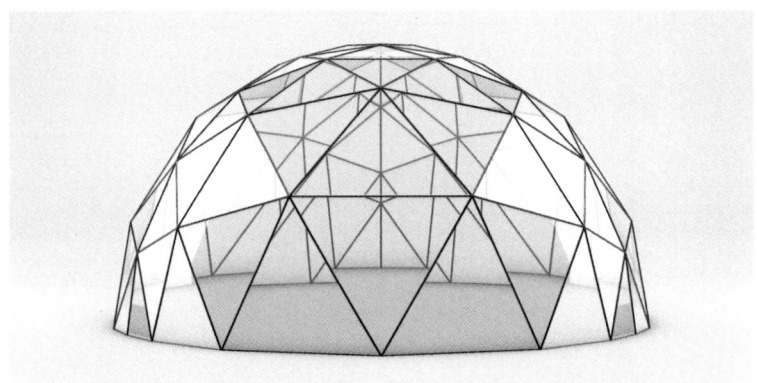

지오데식 돔geodesic dome

지오데식 돔 방식의 건축물은 수많은 삼각형의 면과 모서리가 맞물려 있어 강한 하중을 견딜 수 있고 공간이 넓으며 지진과 강풍 등에 대응할 수 있을 만큼 튼튼합니다. 자연계에서 지오데식 돔과 유사한 구조를 찾는다면 육각형으로 된 벌집이나 거미줄을 예로 들 수 있습니다. 최초 풀러는 태양계를 관찰하다가, 행성들이 서로 밀고 당기는 힘에 의해 서로 부딪히지 않고 일정한 거리를 유지하면서 궤도를 이루고 있는 모습을 보면서 텐세그리티의 개념을 떠올리게 되었다고 합니다.

영국의 화학자 아론 클루그Aaron Klug(1926~2018)는 1982년 바이러스가 지오데식 건축물과 같은 형태를 사용해 단백질 복합체 형태의 안정성을 어떻게 이루는지에 대한 연구로 노벨 화학상을 받기도 했습니다.

2. 텐세그리티와 인체

1) 바이오텐세그리티 Bio-Tensegrity

풀러의 텐세그리티 구조 이론을 바탕으로 1970년대 말 바이오텐세그리티 Bio-tensegrity라는 용어가 등장합니다.[5] 이 바이오텐세그리티는 유기체의 모든 부분과 완전한 기능 단위로 통합하는 기계 시스템 간의 관계를 설명하는 구조적 원리입니다. 모든 자연적 형태는 자기 조직화의 몇 가지 기본 원칙 사이의 상호 작용의 결과입니다.

인체의 움직임을 역학적으로 설명하기 위해서 근골격계 또는 근막 시스템과 같은 기관이나 조직, 또는 인체의 전반적인 시스템을 고려하기 때문에 그 이론이 너무 복잡하며 인체의 어떤 조직, 어떤 기관을 중심으로 두느냐에 따라 다양한 이론이 존재합니다.

바이오텐세그리티는 1993년에 들어서 세포에 대한 개념적 모델로 학계에 보고되었으며, 현재에도 살아 있는 조직이 텐세그리티 구조로 어떻게 해석될 수 있는지 연구하고 있습니다.

세포가 텐세그리티 구조로 되어 있는 것은, 진화 과정에서 최소한

---

5) Randel L. Swanson 2nd, "Bio-Tensegrity: a unifying theory of biological architecture with applications to osteopathic practice, education, and research a review and analysis"(The Journal of the American Osteopathic Association, 2013), 34-52.

의 물질과 에너지를 사용해 유연성, 회복력(탄성)에 힘이 결합된 형태를 효과적으로 형성 유지하기 위한 최선의 선택이었습니다.

필자는 이런 바이오텐세그리티의 다양한 분야들 중에서 인체가 움직이는 기계적 성질에 집중을 했는데 텐세그리티 구조의 핵심 개념 중 탄성, 변형성, 기계적 전달 및 형태의 복원이 인체의 움직임과도 관련이 있기 때문입니다. 바이오텐세그리티는 뼈, 관절 등 단단한 요소(압축부재)와 근육, 인대, 근막과 같은 부드러운 요소(인장부재)가 있는 프리스트레스 모델[6]과 연관이 되며 인체 구조의 이동성, 안정성 및 기능의 세 가지의 핵심 사항을 설명합니다.

그러면 바이오텐세그리티 시각에서 인체의 압축부재인 단단한 뼈와 관절, 그리고 인장부재인 부드러운 근육, 인대, 근막 등의 조직은 어떠한 역할을 하고 어떤 기능을 수행하는지 알아보겠습니다.

2) 인체 구조

① 골격과 근육

"인체에는 213개의 뼈가 있고 그들은 서로 연결되어 있다.
300개 이상이나 되는 관절의 중심이 되는 것이 골반의 중앙에

---

6) 프리스트레스 모델: 인장응력에 약한 부재에 프리스트레스를 주어 발생한 압축응력이 인장응력을 상쇄시킨다는 이론.

있는 좌우의 선장관절이다. 그리고 그들의 관절은 관절을 둘러싸는 인대와 근육으로 말하자면 삼위일체가 되어 기능하면서 인간의 생명현상인 '움직임'을 만들어 내는 것이다. 인대는 합쳐지는 뼈와 뼈를 이어 주고 그 뼈대를 보호해 주는 벨트이며, 근육 또한 마찬가지로 뼈대에 부착해서 근섬유의 신축에 의해서 관절을 움직이게 하는 역할을 다하고 있는 것이다."

― 고미 마사요시, 『골반 조정 건강법』 중에서

 인체의 근골격계는 뼈와 인대 그리고 근육과 건 등으로 이루어지며, 이 모든 것이 유기적인 조화를 이룹니다. 그중 근육을 이루는 구성 요소는 근육 그리고 근육과 뼈를 이어 주는 건, 근육의 움직임을 컨트롤하는 신경으로 구성되어 있습니다. 그리고 골격은 뼈와 인대 그리고 관절을 이루는 기타 조직으로 구성되어 있는데 이들은 모두 결합조직의 층으로 이루어지거나 그 층들에 둘러싸여 있습니다.

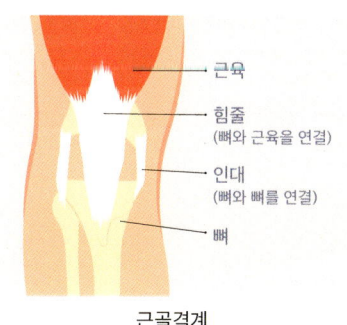

근골격계

 골격계와 근육계는 별개의 계통으로 생각하기 쉬우나, 움직임이 일어나는 작용원리를 생각해 보면 이들을 근골격계로 묶어서 생각하는 것이 합리적입니다. 근육은 골격계의 구조와 지지에 의지해 수축과 이완의 움직임을 만들어 내며, 뼈대는 근육에 의지해서 움직임을 만들어 내게 되는데, 만약에 근육이 없다면 뼈는 마치 물속에 떠 있는 막대와 같을 것입니다. 그리고 이 뼈와 근육은 인대와 건 같은 결합조직에 의지해 서로 관계를 맺고 있습니다.

뼈는 외부에서 가해 오는 힘에도 무너지지 않고 버틸 수 있을 정도로 강하고, 자유롭게 움직일 수 있도록 가벼워서, 하중을 받고 힘을 전달하는 작업을 합니다. 일반적으로 뼈를 골격계의 일부로만 생각하지만, 순환계, 신경계, 면역계 및 내분비계처럼 기타 계통에서도 중요한 역할을 합니다.

뼈가 순환계 및 면역계의 일부인 것은 적혈구와 백혈구가 골수에서 생성되기 때문이며, 신경계의 일부인 것은 칼슘이 신경세포의 작용에서 하는 역할 때문입니다. 또한, 내분비계의 일부인 것은 골격계와 관련되어 분비되는 대사에 관여하는 호르몬들(성장호르몬, 티록신, 성호르몬, 칼시트리올, 부갑상선호르몬, 칼시토닌 등) 때문입니다.

인대는 관절에서 3차원의 움직임이 가능하게 할 정도로 유연하며, 관절의 안전성을 유지해 주는 역할을 합니다.

관절은 두 개 이상의 뼈가 서로 관계를 맺어 공간을 이루는 것입니다. 관절은 구조상 두 개의 뼈를 연결하는 조직에 의해 분류하는데, 이러한 조직은 연골[7], 섬유조직[8], 윤활액[9]의 조합으로 이루어지

---

7) 연골軟骨: 근골격계 전체에 널리 분포되어 있고, 뼈에 비해서 단단하지 않은 섬유성 결합조직. 관절에서는 두개의 뼈를 이어 주는 역할을 하며, 발생 초기에는 임시적으로 뼈대를 대신하는 역할을 함.(출처: 인체백과)
8) 섬유조직纖維組織: 주로 황색 및 백색의 섬유로 이루어진 생체의 일반적인 결합조직.(출처: 생명과학사전)
9) 윤활액潤滑液: 관절의 윤활막에서 분비되는 끈끈한 액체. 관절안에서의 마찰을 줄여 주며 관절 연골에 영양을 공급함.

며, 선장관절[10]과 같이 아무리 미미하더라도 움직임이 일어나는 장소는 관절로 규정할 수 있습니다.

② 안정성 관절과 가동성 관절

인체는 많은 관절들로 구성되어 있으며 이를 통해 움직임을 만들어 냅니다. 대부분의 사람들이 운동의 필요성을 인식하고 있으며, 실제 많은 종목의 운동을 실행하고 있지만, 대부분의 사람들은 관절의 가동 범위와 방향 등에 대해 자세히 알지 못하며 무조건 많이 움직이면 건강해질 것이라고 생각합니다. 그러나 부상 없이 운동을 수행하기 위해서는 안정성 관절 및 가동성 관절의 구분과 그 작용에 대한 정확한 인식이 선행되어야 하며, 이렇게 할 때 비로소 목적에 부합하는 동작의 수행과 부상을 예방할 수 있는 효과를 얻을 수 있습니다.

인체에는 움직이는 범위를 작게 하거나 안정시킬수록 좋은 부위와 크게 하면 좋은 부위가 있습니다. 그것은 관절의 주요 기능이 인체 구조의 안정을 담당하는 기능과 운동에 관여하는 기능으로 구분되기 때문이며 인체 구조의 안정 기능을 주로 담당하는 관절을 안정성 관절, 운동 기능을 주로 담당하는 관절을 가동성 관절이라고 이야기합니다. 그리고 안정성 관절과 가동성 관절은 서로 반복하며 층층이 쌓이는 구조를 이룹니다.

---

10) 선장관절(仙腸關節): '엉치 엉덩 관절'을 이야기하며 엉치등뼈와 장골 사이에 있는 관절.(출처: 다음사전)

마이클 로젠가트Michael Rosengart의 저서 '프리햅 운동'에서는 안정성 관절과 가동성 관절의 구분을 다음과 같이 합니다.

안정성 관절	가동성 관절
경추, 요추, 무릎, 흉쇄관절, 견갑골, 팔꿈치	흉추, 고관절, 발목, 어깨, 손목, 아틀라스 관절

운동 중의 부상을 줄이기 위해서는 가동성 관절의 가동 범위를 증가시키고 안정성 관절은 고정해 움직임을 최소화해야 합니다. 특히 현대인들은 요추의 통증을 호소하는 경우가 많은데, 이는 앉아서 보내는 시간의 증가로 인해 흉추와 고관절이 굳어지게 되고 그것이 원인이 되어 요추가 보상운동[11]을 하게 되어 생기는 경우가 많습니다. 흉추와 고관절의 가동 범위를 크게 하고 유연하게 움직이게 하는 운동이 필요한 이유입니다.

③ 겉근육과 속근육

"근육은 관절을 둘러싸고 놀라울 정도로 정교하게 나선형을 이루는 층들로 뼈를 감싼다."

― 레슬리 카미노프·에이미 매튜스, 『요가 아나토미』 중에서

---

11) 보상운동補償運動: ① 관절에서 운동이 진행될 때 생기는 중력 모멘트에 의해 반대 방향으로 진행되는 운동. ② 신체적이거나 정신적인 결함을 보충하려는 생체生體 노력의 결과로 여기서는 가동성 관절의 제한으로 안정성 관절이 대신 움직이는 것을 말함

> "빠르고 역동적인 동작을 만들어 내는 추진근과 신체를 지지하고 조절하는 항중력근, 이 두 근육의 작용으로 우리는 신체를 자유로이 움직일 수 있는 셈이다."
>
> — 마쓰오 다카시, 『평생 걸을 수 있는 엉덩이 건강법』 중에서

사람의 몸은 뼈 주변을 몇 겹의 근육이 둘러싸고 있습니다. 골격은 근육과 인대 그리고 건으로 연결되어 있는데, 실제 뼈만으로 인체를 지탱할 수는 없으며, 근육과의 배합에 의해 몸을 세우거나, 움직이는 것이 가능해집니다.

이러한 근육은 뼈와 가까운 인체 내부에 위치해 척추와 관절을 안정되게 지지하며, 내장을 제자리에 위치하게 도와주는 등 자세를 유지하게 하는 속근육(자세근 또는 지지근, 항중력근)과 근육의 표층에 위치하며 효율적인 움직임을 가능하게 해 주는 겉근육(동작근 또는 추진근)이 있습니다.

겉근육은 신체의 다양한 움직임을 만들어 내는데 특화된 근육으로, 주로 신체의 외측에 위치해 있어서 동작근 혹은 추진근이라고 부르기도 합니다. 겉근육은 두 개 이상의 관절을 연결하는데, 힘줄의 길이는 길지만 부풀어 오르는 부분의 가로 폭이 좁고 관절에 붙어 있는 근육의 끝부분이 가늘고 약해 관절을 고정하는 힘이 약합니다. 따라서 인체를 지지하는 힘이 지지근에 비해 약합니다. 대표적인 겉근육은 상완이두근과 햄스트링 등이 있습니다.

반면에 속근육은 근육의 크기가 작아 관절을 움직이는 힘은 약하지만 관절을 안정되게 지지하는 역할을 하며, 인체의 내측에 위치해

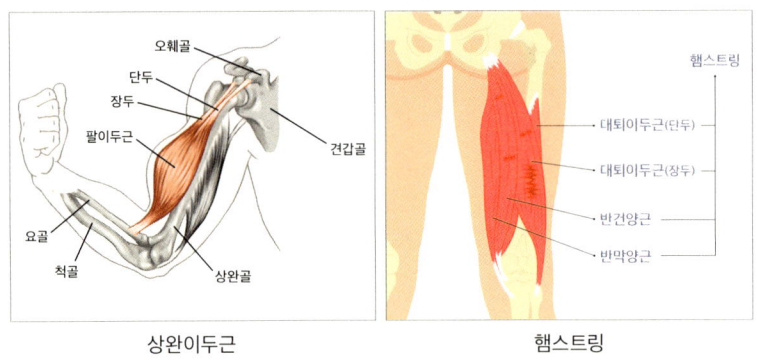

| 상완이두근 | 햄스트링 |

있습니다. 속근육은 길이는 짧지만 뼈의 부착면이 넓어서 특정 관절을 일정한 위치에 고정시키는 힘이 있습니다. 관절을 보호하는 역할을 하며, 전신의 균형을 조절해 인체를 수직으로 세울 수 있습니다. 사람은 다른 어떤 생물보다도 속근육이 발달되어 있습니다.

또한 속근육에는 근방추[12]라는 센서가 많은데, 이 근방추는 근육의 길이나 장력을 감지해 중추신경으로 보내는 역할을 합니다.

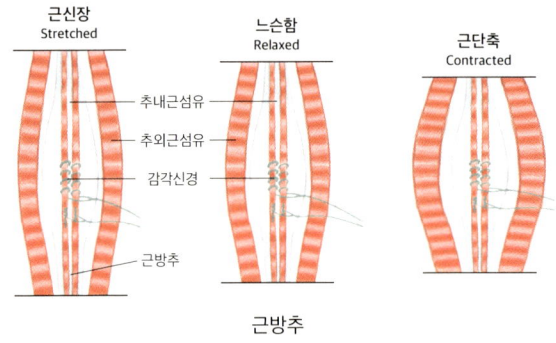

근방추

---

12) 근방추筋紡錘: 가로무늬근의 수축 상태 따위를 감수하는 물레 모양의 기관. 결합 조직의 막으로 싸여 있고, 안에는 가는 근섬유와 신경 섬유가 얽혀 있음.(출처: 다음사전)

근방추의 수가 많은 근육은 미세한 움직임을 수행할 수 있는데, 겉근육보다 속근육에 많이 분포하며, 속근육 중에서도 후두하근군에 특히 많이 존재합니다. 후두하근군은 턱을 올리고 끄덕이거나 머리를 회전하고 기울이는 등의 섬세한 역할을 담당하고 있습니다.

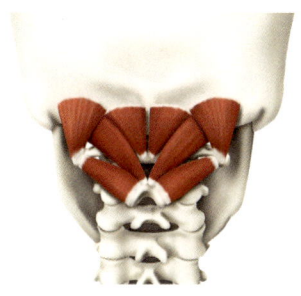

후두하근군

　속근육(지지근)은 인간이 중력을 거슬러 몸을 똑바로 세우는 역할을 하며, 장시간 자세를 유지하는 능력이 뛰어납니다.

　사람의 몸을 지탱하는 것은 근육이며, 근육은 굴근과 신근이 서로 버티어 골격을 제자리에 위치하도록 도와줍니다. 만약에 근육이 단단하게 굳어지 틀어지게 되면 체액의 순환이 제대로 이루어지지 못할 뿐 아니라, 골격의 위치도 틀어지게 됩니다.

　또한, 속근육(지지근)이 긴장이나 피로 혹은 외상에 의해 수축되면 인체를 지지해 주는 작업을 하지 못하게 되어 인체 구조의 균형이 깨지는데, 이는 인체 내부에 있는 세 개의 공간인 구강, 흉강, 복강 등의 세 개의 강腔의 형태를 무너뜨리게 되어 내장 기관의 건강에 치명적인 불이익을 가져오게 됩니다. 따라서 속근육(지지근)을 단련해 자세를 바르게 하는 것은 건강과 양생을 위해 반드시 필요합니다.

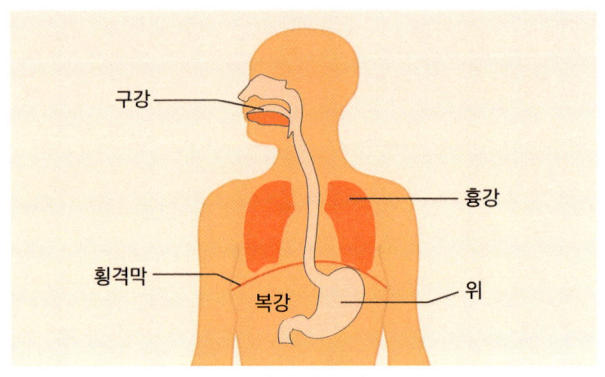

구강, 흉강, 복강

 인체의 속근육(지지근) 중에서 가장 중요한 것은 몸의 중심부인 배에 있는 네 개의 근육인 횡격막橫膈膜, 복횡근, 다열근, 골반저근군으로 이너 유니트inner unit라고 불립니다. 이너 유니트는 요추나 고관절을 포함한 골반 주변의 뼈들의 모임인 골반대의 안정성에 반드시 필요한 근육이기도 합니다.

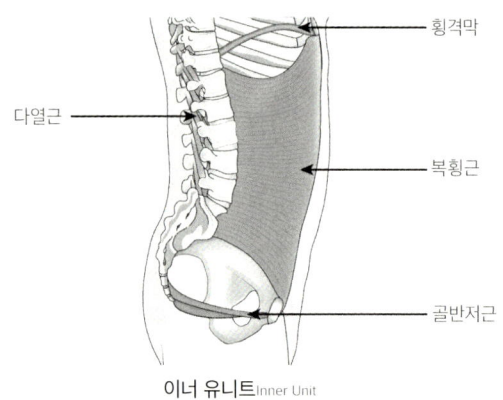

이너 유니트Inner Unit

횡격막은 흉강과 복강 사이에 있으며, 넓고 볼록한 돔 형태의 근육입니다. 횡격막은 호흡에 중요한 역할을 하는 근육이며, 태극권에서는 하반의 힘을 상반으로 전달하는 역할도 합니다.

복횡근腹橫筋(또는 배가로근)은 복부의 내측에 위치해 등에서 옆구리 그리고 복부까지 감싸는 근육입니다.

다열근多裂筋은 척추를 따라 세로로 이루어진 근육으로 등을 구부리거나 펴고 돌리는 데 사용되며 척추의 안정성 및 정렬에 관여합니다.

마지막으로, 골반저근군骨盆底筋群은 골반 아래에 위치해 방광과 자궁, 직장 등의 장기가 아래로 처지지 않게 지탱하는 근육으로, 이 근육이 약해지면 골반 내의 장기가 아래로 처져서, 요실금 등이 발생합니다.

이 네 개의 지지근이 단련되면 바르고 안정된 자세가 형성되기 때문에 허리통증 예방과 등이 굽는 것을 방지할 수 있습니다. 그리고 복부의 근육이 단련되어 아랫배가 나오는 것을 예방하기 때문에 멋진 몸매를 만들어 주기도 합니다.

그 외에도 몸을 바르게 세우면 혈액과 림프의 순환이 원활해집니다. 건강의 기본은 혈액순환입니다. 심혈관계의 순환이 잘되어야 신경의 전달이나 체액의 흐름이 정체가 되지 않고 신체 기능이 제대로 작동되어 에너지가 발생되며 세포의 재생이 원활해집니다. 또한 혈액순환이 원활해야 체온이 올라가며, 면역력이 높아지고, 신진대사가 활발해져 건강을 유지할 수 있습니다.

따라서 건강을 위해서는 바른 자세와 유연하고 탄성 있는 근육을 유지해 몸속의 공간을 넓혀 여유로운 상태로 유지해 나가는 것이 중요합니다.

④ 인체의 정렬

인체 내부의 각종 장기는 본래의 기능을 발휘할 수 있도록 제 위치에 있어야 하며 이를 위해서는 인체가 바르게 정렬이 되어 있어야 합니다. 그리고 인체에 부정적 영향이 발생하지 않도록 적절한 근육의 움직임이 이루어져야 합니다.

앞서 언급한 바와 같이 인체는 기본적으로 압축력에 대항하는 뼈와 인장력에 대항하는 근막, 피부, 근육 등으로 이루어져 있으며, 내부에 공간이 형성되어 있는 텐세그리티 구조로 이루어져 있습니다.

진화론적 관점에서 인체는 오랜 기간 중력을 이겨 내기 위해 이와 같은 형태로 진화되었으며 인체 구조에 부합된 자연적인 기능대로 움직여야만 인체의 손상을 줄일 수 있습니다.

뼈와 뼈 사이는 원활한 움직임을 위해 공간으로 이루어져 있습니다. 만약에 연골에 의해 뼈와 뼈 사이에 공간이 만들어져 있지 않으면, 뼈와 뼈가 마찰을 일으켜 통증과 손상이 생기고 움직임에 장애가 생기게 되어 관절에 퇴화가 빠르게 진행되는 것입니다.

인체 구조는 마치 거미줄처럼 조직적으로 연계되어 있어서 한 지점에 과다한 외력을 집중시키면 모양이 변하면서 가장 약한 곳이 끊어지게 되는데 이런 이유로 외력이 가해진 곳과 손상이 일어나는 부위가 다르게 나타나게 되어 쉽게 통증의 원인을 찾을 수 없는 이유가 되기도 합니다.

인체 구조 중 한 곳이 바르게 정렬되지 않고 틀어져 있는 것을 인식하지 못한 채 일상생활을 하면, 인체는 균형을 회복하기 위한 보상작용을 일으켜 다른 곳까지 연쇄적으로 정렬이 깨지게 됩니다. 이런 경우에는 아무리 건강하고 튼튼한 근육을 갖고 있어도 인체에 부담을 주는 비정상적인 움직임이 만들어져 관련된 부위에서 통증이 발생하게 됩니다. 그리고 일단 통증이 발생하게 되면 몸을 움직이기 싫어지게 되고, 몸을 움직이지 않아서 혈액 등의 순환이 원활하게 이루어지지 않아 몸이 더욱 안 좋아지는 악순환이 반복됩니다.

인체는 원래 자연스러운 균형이 유지되도록 진화되었고 몸 전체는 유기적으로 움직이며 조화를 이루려고 합니다. 따라서 우리는 평소에 인체 구조를 바르게 하는 것에 많은 관심과 주의를 기울여야 합니다. 그렇다면 인체 구조의 바른 정렬, 바른 자세란 무엇을 이야기하는지 살펴보겠습니다.

⑤ 바른 자세

"자세라고 하면 보통 직립 부동의 자세를 생각하게 되지만 일상생활에서 직립 부동자세를 하는 경우는 거의 없다. 자세란 신체의 고정적인 자세가 아니다. 동작인 몸과 마음의 바람직한 자세를 반영한 전체로서의, 자세이다. 자세란 그 사람 그대로의 인생을 나타내는 요소이다.

신체의 바른 자세란 어떤 자세에서도 아름다운 자연스러운 모습이다. 신체의 모든 동작을 효율적으로 무리를 안 하는 자연스러운 동작을 하는 것이 바른 자세이다."

— 이철인, 『스포츠상해와 신체교정법』 중에서

인체를 단순하게 힌지hinge[13]로 연결된 압축부재의 집합으로 취급하면 같은 작용선상에서 중력 방향으로 무게가 집중되는 형태가 가장 안정적입니다. 그러나 인체는 내부에 각종 내장 기관들이 있어야 생명활동이 가능하고 손과 발이 있어야 이동과 외부작업이 가능합니다. 이러한 필요들이 우리의 인체를 지금의 모습으로 만들었습니다.

인체의 모든 구성 요소는 유기적으로 결합해 내장 기관들을 보호하고 지구 중력에 저항하도록 진화했습니다. 인체가 본래 의도된 최적의 구조체로 유지되면 각각의 기관들은 자신의 역할을 최상의 컨디션으로 수행할 수 있습니다.

바른 자세는 근육과 관절 등에 가해지는 무게의 부담이 줄어들어 안정감이 생기며 내장 기관에 대한 압박이 생기지 않아 기능상의 안정이 생깁니다. 반면 자세가 바르지 않으면 인체는 근육과 인대, 관절의 기능이 저하됩니다. 이것은 인체 유연성의 감소와 바르지 않은 자세로 인한 순환장애가 발생해 질병의 유발 및 스트레스가 증가됩니다.

---

13) 힌지hinge: 핀 등을 사용해 중심축의 주위에서 서로 요동할 수 있는 구조의 접합 부분.(출처: 기계공학대사전)

따라서 바이오텐세그리티Bio-Tensegrity 관점에서 바른 자세란, 특정한 기능을 수행하기 위한 동작이나 혹은 일상생활의 모든 움직임 속에서 인체 구조의 정렬을 효과적으로 이루어 내어 효율적으로 목적을 수행해 내며, 또한 건강에도 도움이 되는 몸의 자연스러운 움직임이라고 정의할 수 있습니다.

그러면 어떤 자세가 바른 자세인지 살펴보겠습니다.

인체 구조의 정렬이 바르게 된 자세는 다음의 조건을 요구합니다.

첫 번째 요구 사항은 발의 폭이 주먹 하나의 폭으로 서는 것이 좋으며 최소한 어깨너비보다 좁아야 한다는 것입니다. 일반적으로 근육의 약화나 밸런스가 맞지 않는 등 여러 가지 원인으로 균형을 잡기가 어려워지면 발의 폭을 넓게 해야만 중심을 유지할 수 있습니다.

두 번째는 양 발이 11 자를 이루며 발끝이 정면을 향하게 하는 것입니다. 발가락이 전방을 향하게 되면 고관절과 발목관절은 안정성을 확보한 상태가 되며 만약, 발끝이 바깥으로 벌어지거나 안쪽으로 모아지게 서면 아킬레스건에 치우친 움직임을 만들어 내어 많은 부담이 가게 되고 십자인대에 압박을 주게 됩니다.

세 번째는 양쪽 엉덩이를 안쪽으로 서로 합하는 느낌으로 힘을 주고 대퇴사두근에 힘을 주는 것입니다. 이렇게 하면 골반은 전방으로 뒤집어지고 꼬리뼈는 약간 뒤쪽을 향하는 자세가 되어 뒤꿈치와의 정렬이 유지됩니다.

네 번째는 아랫배를 척추에 붙인다는 느낌으로 당겨 주며 가슴을 가볍게 펴 주는 동작을 합니다.

마지막으로 양쪽 어깨가 끈으로 매달려 있다는 느낌으로 팔을 자연스럽게 늘어뜨리고 턱을 당겨 목덜미를 셔츠의 깃에 밀착시키고 양쪽 눈은 수평을 유지하며 15도가량 상방을 바라봅니다.

　위의 다섯 가지 항목에 대해 발끝부터 시선까지 순서대로 의식해 자세를 만들고 인체 구조의 정렬이 맞는지 확인합니다. 만약에 자세가 틀어져 있다면 인체의 어느 부위에 불필요한 힘을 주어 긴장이 일어나고 있는 상태입니다. 올바르게 서 있다는 것은 무의식적으로 서 있을 때 인체의 어느 부위에도 힘이 들어가지 않은 상태로 인체 구조의 정렬이 맞추어져 있는 것입니다.

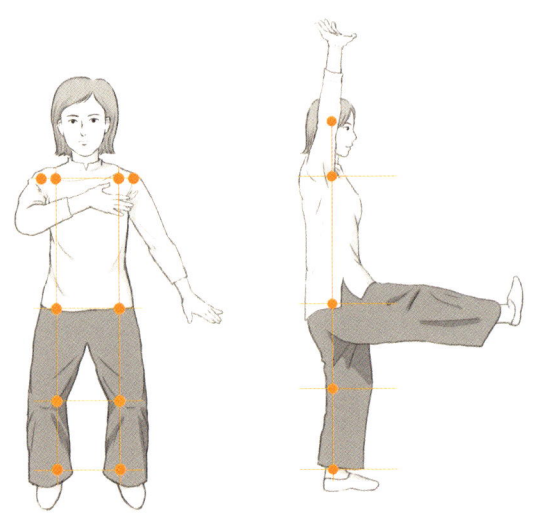

B·T 태극권 동작에서의 신체정렬

3) 관련 운동과 새로운 기조

 인체 구조 및 시스템의 해명과 인체의 바른 정렬에 목적을 둔 여러 다양한 운동들(요가, 필라테스 등) 이외에 최근에는 '개별 관절 접근법 Joint-by-Joint Approach'[14] 이론을 바탕으로 한 프리햅PreHab 운동이 새로이 각광을 받고 있으며 이와 다른 시각에서 접근한, 육체와 정신의 조화를 목적으로 한 알렉산더 테크닉Alexander Technique이 대중들에게 알려지고 있습니다. 이제부터는 인체 구조의 이해와 이를 바탕으로 합리적이고 효율적인 운동법을 제시하는 두 가지 운동에 대해 개략적으로 설명하도록 하겠습니다.

① 프리햅PreHab 운동

 기능 운동functional training과 재활물리치료 분야 전문가인 마이클 보일Michael Boyle과 그레이 쿡Gray Cook이 믿는 '개별 관절 접근법'을 기초로 해 개발된 프리햅은 '예방preventive'과 '재활rehabilitation'의 합성어로 해석하면 사전재활을 의미합니다.

 프리햅(PreHab) 운동은 예방운동이라는 의미로 부상 방지와 효과적인 운동을 하는 것에 초점을 맞춰 고안되었고 전세계적으로 활용되고 있으며 전문 운동선수뿐만 아니라 일반인의 달리기 및 운동성

---

14) 개별 관설 섭근법Joint-by-Joint Approach: 물리치료사 그레이 쿡의 이론. 인체의 훈련과 교정의 접근을 움직임 기반movement-based이 아닌, 단순히 인체를 관절이 쌓인 것으로 정의한 접근법.

을 향상시켜 주는 여러 가지 운동기법들을 제안하고 있습니다.

또한 가동성, 안정성을 포함한 인간의 유기적 움직임과 인체정렬에 대해 설명하며 인체정렬이 깨져 생기는 근골격계 통증과 부정렬 증후군[15]의 예방 및 치료 등에도 그 해결책을 제시합니다.

프리햅 운동의 인체정렬 이론은 태극권의 요결과 유사점이 많으며 자세한 내용은 3장에서 후술하겠습니다.

다음은 프리햅에서 요구하는 인체정렬 내용입니다.

인체정렬 기준 (프리햅, Michael Rosengart)

[정면에서의 평가]
- 머리는 똑바로 하고 서 있는가? 양쪽 귀가 수평을 이루는가?
- 양쪽 어깨는 수평을 이루고 있는가?
- 쇄골뼈는 바닥과 수평을 이루고 있는가?
- 골반은 바닥과 수평을 이루고 있는가?
- 무릎은 바닥과 수평을 이루고 있는가? 무릎이 발 앞쪽으로 똑바로 가리키고 있는가?

[측면에서의 평가]
- 복숭아뼈에서 무릎의 정중앙으로 선이 지나가는가? 그렇다면 좋다.
- 골반이 무릎의 정중앙과 일직선으로 연결되는가? 그렇다면 좋다.
- 어깨관절이 관골구와 일직선으로 연결되는가? 그렇다면 좋다.
- 귓구멍이 어깨관절 발 위로 연결되는가? 그렇다면 좋다.
- 전방을 바라보면 시선이 수평선 정중앙을 주시하고 있는가? 땅과 하늘의 중간쯤 보고 있는가? 그렇다면 좋다.

---

15) 부정렬 증후군: 신체균형이 흐트러져 근골격계에 통증이 발생하거나 감각 이상을 초래하는 것

② 알렉산더 테크닉 Alexander Technique

프레드릭 마티아스 알렉산더 Frederick Matthias Alexander에 의해 1870년대 초반 호주에서 처음 알렉산더 테크닉 Alexander Technique이 만들어졌습니다. 이 기법은 스스로 인지하지 못하는 고정된 생각과 행동습관으로부터 벗어나 심신의 조화를 회복하는 것을 목적으로 합니다.

알렉산더 테크닉의 창시자인 알렉산더는 배우이자 독백가, 연극 제작자로서 명성을 쌓아 올리고 있었으나 나이가 들어 발성이 나오지 않자 이것을 고치기 위해 백방으로 돌아다녔습니다. 그러나 그는 어떠한 의학적인 치료 방법을 찾지 못했습니다. 그러자 그는 인체의 구조상 문제가 없다면, 인체의 사용법(자세와 움직임)에 문제가 있다는 결론을 내렸습니다. 그는 몸과 마음을 이원론적으로 생각하는 방법으로는 기술적인 발전이 없을 뿐만 아니라, 신체의 부상을 가져오기 쉬우며, 몸과 마음을 통합해 사용해야만 몸의 기능이 원활해진다는 것을 발견했고, 그는 의식(마음)의 집중을 통한 신체를 컨트롤하는 방법으로 그의 목소리를 되찾았습니다. 그는 이 기법을 육체적인 기능을 향상시키고 싶은 사람이나 질병에서 회복하고자 하는 많은 사람들에게 가르쳐 도움을 줄 수 있었습니다.

알렉산더 테크닉에 대해 많은 사람들은 인체정렬과 관계된 것으로 오해를 하나 실상은 알렉산더 테크닉은 자세를 만들거나 바로 서는 것, 균형을 만드는 것을 이야기하는 것은 아닙니다. 알렉산더 테크닉은 어떤 특별한 자세나 행위에 구애되는 것이 아니며 우리가 항상 무의식적으로 끊임없이 자세를 만들고 의미를 부여하려고 하는 습관을 고치고 신체와 정신적인 측면에서 특정한 것을 붙잡지도 고정시키지 않으며 유연하게 움직일 수 있는 것과 관련되어 이야기하는 테크닉입니다.

  이것은 바이오텐세그리티Bio-Tensegrity와는 결을 조금 달리하는 내용이지만 인간의 기계적 반응과 무의식적 반사를 자제하고 몸의 복잡한 기능을 단순하게 해 제어하는 것 등 인체의 잘못된 습관을 잡는 것에서 동일한 방향성을 가졌다고 볼 수 있습니다.

건강한 삶과 운동

"인간은 자연에서 멀어질수록 병에 가까워진다."

− 히포크라테스 Hippocrates

1. 운동은 왜 하는가?

1) 운동의 목적과 이유

"각 운동의 목적은 항상 명확해야 하고 정확한 의도가 있어야 한다."

— 마이클 로젠가트, 『프리햅 운동』 중에서

우리가 운동을 해야 하는 이유는 신체적 심리적으로 독립된 삶을 영위하기 위해서입니다. 건강한 삶을 위해서는 '적절한 운동, 몸에 좋은 식사, 그리고 질 좋은 수면'이라는 세 가지의 조화가 필요하며, 이 중의 하나라도 부족하면 인체는 면역력이 저하되어 병에 시달리게 됩니다.

히포크라테스는 "생명의 본질은 움직임이다 Motion is life."라고 말했습니다.

일상생활을 유지하기 위해 우리는 끊임없이 움직여야 합니다. 이 움직임의 주체는 자신이며 아무도 대신해 줄 수 없습니다. 만약 우리가 우리의 신체를 활용할 줄 모르거나, 혹은 활용할 수 없는 상태로 방치해 둔다면, 우리 삶의 질은 저하될 것이 자명한 일입니다. 운동은 우리를 우리 삶의 주체로 만들어 주는 중요한 행위이니, 정확한 목적하에 운동을 선택하고 수련해 나가야 합니다.

운동을 하는 목적은 생명 에너지의 증가에 두어야 합니다. 운동은 육체를 움직이는 행위만을 의미하지는 않습니다. 운동을 통해 우리는 지방을 분해하고, 신진대사를 증진해 면역력을 키우는 등 생명력을 우리 몸에 불어넣어 행복한 삶을 가능하게 해 줍니다. 다만 지나치게 격렬한 운동은 도리어 생명 에너지를 고갈시킨다는 것을 명심해야 합니다.

건강을 위해 격렬한 운동이 좋지 않은 것과 마찬가지로, 필요한 만큼의 운동은 해야 합니다. 인간은 움직임을 전제로 환경에 적응하도록 설계되었습니다. 움직이지 않는 생활 습관은 생명력을 고갈시키며, 인체의 정상적인 순환을 막아 질병에 걸리기 쉬운 몸으로 만듭니다. 그리고 휴식이 필요할 때 일을 하거나, 몸에 활기가 넘치는 상태에서 잠을 자거나 휴식을 취하는 것 그리고 공복 상태를 지속하거나 지나치게 많은 식사를 하는 등 인체의 자연스러운 리듬에 역행하는 행위도 몸의 시스템을 교란시키게 됩니다. 우리의 건강은 자연의 흐름에 역행하지 않는 인체의 생리에 맞는 조화로운 삶에 달려 있다고 해도 과언이 아닐 것입니다.

운동은 무언가 에너지를 고갈시키는 행위가 아닌 몸의 활력, 즉 생명력을 축적해 가는 행위여야 하며, 이를 위해서 우리는 내 몸에 에너지의 균형을 되살려 주는 좋은 운동을 선택해 지속해 나가야 합니다.

동물은 바다 속에서 생활하던 단세포생물이, 지상으로 이동해 생존을 위한 진화를 거듭한 결과물이라고 진화론자들은 주장합니다. 그중에서 인간은 다른 생물과는 달리 두 다리로 일어서서 걷는 것으로 진화되는 과정에서 많은 생리적 변화를 가져오게 되었다고 합니다. 이러한 진화론적 관점에서 인간을 바라볼 때 비로소 인간의 건강과 질병에 대한 특징적인 요소를 이해하고 그 해답을 찾을 수 있습니다.

생물이 바다 속에서 생존하기 위해서는 부교감신경[16]의 발달이 중요했으나, 지상으로 이동한 후 외부 환경에 대처하기 위해 더 많은 움직임이 필요함에 따라 교감신경[17]의 필요성이 자연히 증가했고, 그에 의해 교감신경의 기능이 발달했을 것으로 추정합니다. 그리고 신체활동이나 운동과 관계된 교감신경계의 발달은 지상의 생활을 더 활발하게 만들었을 거라고 유추할 수 있습니다. 그러나 현재 인간의 생활은 기계화와 컴퓨터의 발달 등으로 마치 바다 속에서 생존하던 원시의 단세포생물과 같이 움직이지 않고 있습니다. 이것은 인간이 생존을 위해 진화한 기본적인 조건을 충족하지 못하는 것으로 단순하게 운동의 수행 여부의 문제가 아니라 인간이 가지고 있는 근원적 기능에 반하는 것입니다.

인체는 자율신경인 교감신경과 부교감신경이 서로 균형을 이루며 생존하고 있습니다. 자율신경은 내부 장기의 움직임이나, 혈압, 혈당

---

16) 부교감신경副交感神經: 교감신경과 함께 자율 신경계를 이루는 신경. 대부분의 교감신경과 비슷한 힘으로 서로 버티어 대항적으로 작용함. 흥분하면 말단으로부터 아세틸콜린acetylcholine을 분비해 심장의 활동을 억제하고, 소화기의 작용을 촉진함.(출처: 다음사전)

17) 교감신경交感神經: 부교감신경과 함께 자율 신경계를 이루는 원심성 말초 신경. 분비선, 혈관, 내장 등을 지배하며, 보통 부교감신경과 비슷한 힘으로 서로 버티어 대항적으로 작용함. 흥분하거나 운동을 할 때 혈압과 혈당을 높이고 피부 및 내장의 혈관을 수축시켜 혈액을 근육과 뇌로 모이게 하는 등 전신의 활동력을 높이는 작용을 함.(출처: 다음사전)

그리고 호흡 등을 조절하며, 체온유지와 분비물의 배설 등을 살아가는 환경에 맞추어 조절하는 기능을 합니다.

교감신경은 낮이나 움직이고 있을 때 주로 활동을 하는데, 교감신경이 활동하면 심장의 기능이 높아져 혈액의 공급이 원활해지고, 소화기관의 움직임은 정지해 운동이나 일상생활 노동 등을 하는 데 적합한 상태가 됩니다. 이에 반해 부교감신경은 움직이지 않는 저녁이나 휴식 중에 활성화되며, 부교감신경에 기능장애가 일어나면 수면장애 등이 발생해 충분한 휴식이 이루어지지 않아 피로회복이 되지 않으므로 만성피로가 일어나게 되어 내분비계의 기능이나 면역력의 저하를 가져오게 됩니다. 건강을 위해서는 적절한 운동의 생활화로 자율신경계의 기능을 활성화시켜야 합니다.

또한, 적절한 강도의 운동(절대로 '격렬한' 운동이 아닙니다)은 체내의 NK세포[18]라는 면역세포를 활성화시킵니다. NK세포는 바이러스에 감염된 세포나 암세포만을 직접 파괴하는 우리 체내의 든든한 아군 역할을 합니다. 다만 지나치게 과격한 운동을 하면 활성산소의 증기로 인해 인체의 세포나 유전자를 산화해 도리어 면역력이 저하됩니다.

또 하나의 운동을 해야 하는 이유는 호흡기의 기능유지와 관계가 있습니다. 30대가 넘으면 사람은 최대환기량[19]과 폐활량[20]은 저하되

---

18) NK세포 natural killer cell(자연 살해 세포): 선천적인 면역을 담당하는 혈액속 백혈구의 일종으로 종양 세포·바이러스 감염 세포를 죽이는 대형 림프구.
19) 최대환기량: 1분간 교체되는 폐내 공기량.
20) 폐활량: 1회의 호흡으로 내쉬는 공기량.

고, 잔기량[21]은 증가된다고 합니다. 호흡기의 기능 저하는 생명력의 약화와 직결되는데, 평소에 운동을 하지 않는 사람은 서서히 진행되는 심폐기능의 저하를 체감하지 못하게 됩니다. 일상생활에서 적절한 강도의 유산소 운동을 습관화하면 나이가 많더라도 폐활량을 강화할 수 있습니다.

2) 운동의 효과

꾸준한 운동은 건강한 육체뿐만 아니라 기분을 좋게 만들어 전신에 활력과 활기를 북돋워 줍니다. 또한, 운동을 통해 세포에 산소가 공급되어 행복한 느낌을 가질 수 있으며, 건강한 육체는 자신감을 높여 자존감과 자부심을 증가시키게 됩니다.

중장년에 적합한 운동은 중강도의 지지근을 강화하는 운동입니다. 지지근을 강화하는 운동을 하면, 근육의 양이 늘고 기초대사가 향상되어 체온이 올라가게 됩니다. 그리고 체온의 상승으로 인해 지방 감량의 효과가 생기게 되는데, 이는 활성산소의 감소, 암 발생률 감소와 같은 효과를 가져오게 됩니다.

지지근을 단련하면 얻을 수 있는 또 다른 효과는 바른 자세의 유지입니다. 지지근은 항중력근이라고도 불리는 바른 자세를 유지하는 데 동원되는 근육입니다. 우리의 몸은 바른 자세를 유지할 때, 혈

---

21) 잔기량: 호흡 후 폐에 남는 공기량.

액과 림프 등의 순환계가 가장 원활하게 활동하게 됩니다. 순환계의 활성화는 영양분의 운반 그리고 체내의 노폐물을 배출하는 등 신진대사와 면역력을 강화하는 작업을 합니다. 또한 지지근은 성장호르몬의 분비를 촉진하는 역할을 합니다. 성장호르몬은 뼈의 성장을 촉진시켜 주는데, 뼈의 성장은 다이어트와 기초대사에 영향을 주며, 혈당을 조절해 당뇨병의 예방 효과를 높여 준다고 합니다.

'탄수화물 중독증'이라는 책에는 운동으로 인해 얻게 되는 이득을 다음과 같이 정리하고 있습니다.

규칙적인 운동으로 얻게 되는 이득

- 몸에서 열량을 소비해 체중 조절과 감량에 도움이 된다.
- 근육이 강화되고 힘이 세진다.
- 체지방이 줄어든다.
- 정상인, 당뇨병 부모밑의 인슐린 저항성을 보이는 아이, 당뇨병 환자의 경우 인슐린 민감성이 향상된다.
- 면역력이 강해져서 질병에 대한 인체 저항력이 커진다.
- 30세 이하의 사람들은 골밀도가 높아지고, 30세 이상의 사람들은 골 소실 속도가 늦춰진다.
- 좀더 긍정적인 마음가짐과 행복감을 느끼게 된다.
- 스트레스 불안감 우울증이 유의하게 줄어든다.
- 수면 집중력 학업성취도가 개선된다.
- 혈당 콜레스테롤 중성지방 수치가 떨어진다.

- 혈압이 떨어진다.
- 심장혈관 질병, 성인 당뇨병, 기타 질병의 발병 위험이 유의하게 감소한다.

— 잭 캘럼·버트 벅슨·멜리사 D. 스미스, 『탄수화물 중독증』 중에서

3) 운동과 양생

"대자연은 무한한 풍요로 넘쳐난다. 그 흐름을 탈 때 우리는 끝없이 풍요롭다는 것을 깨닫게 된다. 우리는 지금 의사의 개입으로 질병을 예방하느라 허덕이고 있다. 하지만 어떻게 죽을지는 그다지 중요하지 않다. '어떻게 살기로 선택하느냐'가 중요하고 이것이 변화를 가져온다."

— 하비 비겔슨, 『좋은 의사는 소염제를 처방하지 않는다』 중에서

건강健康과 양생養生의 구분과 관련해서 둘은 약간 다르지만 거의 비슷한 것으로 취급하는 독자가 대다수일 것입니다.

건강과 양생의 자전字典상의 해석을 보면, '건강'은 몸이 굳세고 튼튼하다는 의미를 갖고 있는 것에 반해, '양생'은 몸 안의 생명력을 키운다는 뜻을 내포하고 있습니다. 양생이란 타고난 신체를 굳세고 튼튼하게 유지하는 것은 물론이고 살아가면서 그 신체를 더욱 향상시키는 것이 진정한 양생의 의미라고 생각합니다.

우리의 선천적인 원기는 30대 이후부터 소모된다고 합니다. 따라서 노화를 늦추고 젊게 살기 위해서는 몸의 생명력을 키워나가는 운동이나 습관이 필요합니다.

인간은 태생적으로 '생로병사'라는 문제에서 벗어날 수가 없습니다. 인간이 태어나는 것은 본인의 의지와는 상관이 없지만 살아가면서 노화를 늦추고 각종 질병을 예방해서 건강하게 사는 것은 자신의 의지에 의해 선택할 수 있습니다. 꾸준한 운동과 균형 잡힌 식사, 바른 생활 습관으로 자신의 몸을 최선의 상태로 유지하는 것은 자신의 인생을 자신의 의지와 선택으로 살아가겠다는 결심을 하고 그 결심대로 실천해가는 삶인 것을 의미합니다. 필자는 그런 삶을 건강이 아닌 '양생을 추구하는 삶'이자 '도(道)에 이르는 삶'이라고 부릅니다.

① 자연치유력과 양생

인생을 건강하고 행복하게 살려면 질병이 없어야 합니다.

이를 위해서는 자신의 몸에 질병이 발생하지 않도록 적극적으로 예방해야 하며 질병의 발생 징후가 보이면 가급적 본인 스스로가 통제해서 최대한 발생하지 않도록 해야 합니다. 그리고 부득이 질병이 발생하면 빨리 치료해서 질병의 진행을 막아야 합니다.

대부분의 사람들은 질병을 두려워합니다. 현대사회는 매스컴을 통해 각종 질병에 대한 두려움을 갖도록 과도하게 조장하는 경향이 있는데 특히 성인질환과 관련해서, 각종 증상과 진행 과정을 소개하고 치료가 목적인 건강식품과 약들에 대해 자극적인 문구를 써가며 전문의가 설명하는 모습은 케이블 TV의 홈쇼핑을 보는 듯합니다. 그리고 방송을 본 시청자들은 마치 자신이 병에 걸린 양 걱정하고 소개된 건강식품과 약을 사기 위해 인터넷을 뒤집니다. 건강한 삶을 위해 선제적인 예방을 주장하는 필자로서는 이러한 모습이 '건강한 삶 = 치료'라는 공식이 세상을 지배하는 것처럼 느껴집니다.

"대부분의 사람들은 의사들이 환자가 아픈 원인을 정확히 알고 치료하리라고 믿고 있다. 그러나 필자의 예로 보자면 병의 원인과는 크게 상관없이 소염진통제, 근육이완제, 물리치료 등으로 아픈 사람이 고통이 해결되기를 기대하는 경우가 많았다. 또 근육의 이상으로 고생하는 사람들에게 물리치료, 운동치료, 약물치료의 처방을 내리는 것 이외에 의사로서 환자에게 해 주는 것이 별로 없었다."

— 이승원, 『우리 몸은 거짓말하지 않는다』 중에서

화타華佗는 중국 한나라 말기의 명의名醫입니다. 그에게는 두 명의 형이 있었는데 화타는 자신보다 두 형님의 의술을 더욱 높이 평가했다고 합니다. 화타의 치료는 이미 병이 깊어져 고통스러워하는 환자들을 수술이나 귀한 약재 등을 이용해 치료해 주어 사람들로 하여금 명의라는 칭송을 받는 것에 반해 그의 두 형님들은 병이 발생하는 초기에 치료를 하거나 혹은 발생하려는 기미를 알아채고 미리 병의 원인을 제거해 사람들은 자신들이 치료를 받았다는 사실도 모르거나 가벼운 처치에 그치어서 사람들이 두 사람의 의술을 대수롭지 않게 생각했고 경우에 따라서는 감사하는 마음조차 갖지 않았다고 합니다.

이러한 현상은 현대에도 그대로 되풀이되고 있습니다. 평소에 건강관리를 위한 작은 투자에는 인색하게 굴다가 큰 병이라도 나면 병원에 자신의 몸을 맡기고 치료를 받습니다. 큰 수술을 받을수록, 큰돈을 쓸수록 제대로 된 의료혜택을 받고 있다고 생각하고 현대 의료체계에 감사해합니다. 그러나 필자는 몸에 칼을 대고 소염제를 처방하는 것을 바람직한 상황이라고 생각하진 않습니다.

약물치료와 수술은 많은 부작용이 뒤따른다는 인식의 전환과 함께 예방의학으로의 전환이 시급합니다. 사실 건강이란 매우 간단합니다. 외력에 의한 부상을 제외하고는 대부분 생명력의 약화가 질병의 원인이 됩니다. 따라서 생명력을 강화해 질병을 예방하고 이겨낼 수 있는 자연치유력을 갖는 것이 중요합니다. 질병은 일종의 과정으로 사전 징후 없이 발생하는 병은 없습니다. 평소 몸이 건강하던 사람들이 자신의 건강에 대해 너무 과신해서 신체가 보내는 신호를 무시하다가 큰 병으로 발전하는 경우를 많이 봅니다. 몸이 보내는 신호를 세밀하게 관찰하고 질병의 징후가 나타나면 자기 생활에 대한 반성과 함께 식습관의 개선이나 적절한 운동 그리고 스트레스의 요인이 되는 환경을 개선하고 긍정적인 성격을 가지려는 노력이 검진과 치료보다 앞서야 할 것입니다.

② 운동과 양생

"건강은 최적의 흐름이다. 말이 더 필요하지 않다. 흐름이 막힌 곳을 찾아내서 열어 주기만 하면 치유가 뒤따른다. 우주가 이 원리로 움직인다."

— 하비 비겔슨, 『좋은 의사는 소염제를 처방하지 않는다』 중에서

살아가다 보면 생활 습관과 과로에 의한 질병과 예상치 못한 부상 등에 의해 크고 작은 통증에 시달리며 살아갑니다. 필자도 운동에 무지했던 젊은 시절, 격렬한 연습을 많이 했고 잘못된 운동 방식의 누적으로 신체에 심각한 손상이 왔습니다. 당시에는 너무 극심한 통증으로 몸이 정상으로 돌아올지 걱정이 들었으며 오랜 기간 아픈 상태로 지내야 했습니다. 온몸이 굳어서 건드리기만 해도 아프고, 움직이면 신경통이 있었습니다. 필자는 재활이나 약물 등의 치료 대신 일상생활의 움직임과 자세 등을 교정하는 체조와 태극권을 선택했고, 비록 긴 시간이 필요했지만 결국 회복할 수 있었습니다.

우리 모두의 몸에는 부상에서 회복하려는 회복력이 있습니다. 이 회복력을 활성화하기 위해서는 스트레스, 흡연, 폭식, 음주 등의 건강을 해치는 습관을 줄이고 규칙적인 식사와 질 높은 수면 그리고 중강도의 움직임을 꾸준히 하는 것이 중요합니다.

오랜 시간 지속되는 만성통증은 자세가 틀어져 있고 거의 움직임이 없는 사람에게서 더 자주 나타나며 또한 더 오래 지속된다고 합니다. 이런 증상은 약물치료나 환부를 고정해 움직이지 않는 등의

방법으로는 치료 효과가 없습니다. 진통제는 임시로 통증을 못 느끼게 해 주지만 근본적인 치료는 되지 못합니다. 이러한 환부는 혈액순환이 되지 않아 보통 굳어 있고 차갑습니다. 이런 만성통증에서 벗어나고 싶다면 힘들고 다소 통증이 있더라도 바른 자세를 유지하며 움직임이 가능한 범위 안에서 계속 움직여야 합니다. 계속 움직이면 통증이 있는 부위로의 혈액순환이 개선되어 혈액의 공급으로 환부 조직이 재생, 복원됩니다. 다만 수술이 필요한 부상의 경우는 예외입니다.

결국 병(통증)을 치료하는 행위 중 운동의 역할은 근육을 이완시키고 혈액의 흐름을 원활하게 해 굳고 뭉쳐진 고착된 에너지를 풀어주는 효과를 가져다줍니다. 그 결과, 조직과 장기로 가는 영양분의 흐름을 원활하게 하고 면역계의 기능을 활성화시키며 혈액과 림프액의 순환을 도와 노폐물이 정상적으로 제거되도록 도와줍니다.

"체온이 1도 내려가면 면역력은 30퍼센트나 저하된다."
― 사이토 마사시, 『체온 1도가 내 몸을 살린다』 중에서

혈액순환이 원활하면 면역력이 높아진다고 합니다. 무서운 질병인 암도 체온이 낮을 때 발병하기 쉽다는 것은 이제 상식처럼 받아들여지는 이야기입니다. 몸의 어느 곳인가에 이상 징후가 발견되었다면 그곳은 반드시 피의 흐름이 원활하게 이루어지지 못하고 있다고 해도 과언이 아닐 것입니다.

혈액은 우리의 몸에 영양과 산소를 공급하고 노폐물을 배출하는

작업을 해서 세포의 재생을 돕습니다. 특히 혈액 속의 백혈구는 우리의 몸을 순환하며 외부에서 침투한 세균이나 바이러스 같은 이물질과 싸워 제거하는 역할을 합니다. 혈액순환이 제대로 이루어지지 않으면 백혈구가 제대로 활동하지 못해서 세균이나 바이러스 등을 효과적으로 제거하지 못합니다.

혈액이 원활하게 흐르지 못하는 이유는 운동 부족과 자세의 불균형 그리고 격렬한 고강도의 운동 등이 있으며 과식이나 인스턴트 음식의 과다섭취로 인한 혈액의 오염도 혈액의 순환을 방해하는 요인입니다.

너무 격렬한 운동은 근육의 긴장을 만들어 내며 경직된 근육이 혈관을 수축시켜 혈액의 순환을 방해합니다. 또한 격렬한 운동일수록 활성산소를 더 많이 발생시키는데, 이는 건강한 세포를 공격해 노화를 촉진하는 원인이 됩니다. 잘못된 자세 역시, 근육이나 인대가 위축되거나 늘어나게 되는데 이는 신경을 압박하거나 혈액순환을 방해하는 원인이 되어 만병의 근원이 됩니다. 지나친 금식은 혈액순환을 방해하는 요인이 되는데 단식으로 인한 콜레스테롤의 감소로 혈관 벽에 손상이 생기기 때문입니다.

나이가 들거나 관절염 등의 증상이 있는 경우, 비가 오기 전에 미리 예측할 수 있는 것도 혈액순환과 관계가 있습니다. 비가 오는 궂은 날씨는 공기가 차가워지는데 이런 날씨가 혈액순환을 원활하게 하지 못하는 원인이 되기도 합니다. 그리고 수족냉증이나 복부 냉증 등도 혈액순환이 이루어지지 않는 것이 원인으로, 전신에 골고루 순환되어야 할 혈액이 한곳에 정체되어 신진대사가 원활하지 않게 되어 잘 붓고 땀이 잘 나지 않으며 쉽게 지치는 등의 현상이 나타나게 됩니다.

이렇듯이 질병을 치유하고 건강을 유지하기 위해서는 몸에 좋은 음식을 섭취해 혈액을 깨끗하게 만들어야 할 뿐만 아니라 그 혈액이 온몸의 말단까지 원활하게 흐르도록 만드는 것이 중요합니다. 전신의 혈액순환이 원활하게 이루어지기 위해 중요한 또 하나의 조건은 바른 자세와 튼튼한 다리입니다. 이렇듯 적절한 운동은 우리의 생명력을 강화하고 삶을 윤택하게 해 주는 필요조건입니다.

③ 휴식과 양생

"우리는 인생의 4분의 1에서 3분의 1을 잠자는 시간으로 소비한다. 간혹 이 시간을 잠으로 소비하는 것이 아깝다며 잠자는 시간을 줄이는 사람이 있지만, 나는 결코 잠자는 시간을 아까워하지 않는다. 수면에는 그만큼의 시간을 소비할 가치가 충분히 있기 때문이다."

— 사이토 마사시, 『체온 1도가 내 몸을 살린다』 중에서

건강한 삶, 양생을 목적으로 한 사람은 운동과 식사 그리고 휴식의 3박자가 조화를 이루어야 합니다. 운동과 식사가 그러하듯 휴식 역시 휴식시간의 길고 짧음보다는 휴식의 질이 중요합니다. 현대인들은 양질의 휴식을 취하기가 어렵습니다. 많은 일을 기계가 대신해

주어 육체의 움직임이 적어졌으나 쉬는 시간에 스마트폰이나 TV를 시청하면서 두뇌는 오히려 쉬지 못하고 있습니다. 그래서 움직이는 것도 아니고 휴식하는 것도 아닌 상태에서 쉬어도 피로가 회복되지 않는 만성피로에 시달리게 됩니다.

잘 휴식하기 위해서는 자기 전까지 많이 움직여야 합니다. 인간은 움직이는 것을 전제로 진화되어 왔으며 움직인다는 것은 중력을 거슬러 많은 에너지를 소모한다는 뜻입니다. 하루에 필요한 움직임을 행하면 당연히 저녁에 숙면을 취할 수 있게 됩니다. 그러나 너무 지나친 운동은 오히려 숙면을 방해하는데 피로감이 들 정도의 지나친 운동은 인체에 스트레스를 주게 되고 이는 교감신경을 활성화시켜 각성상태로 만들게 됩니다. 또한, 잘못된 자세에 의해 어깨나 목덜미가 굳어 있는 경우도 숙면을 취하는 데 방해가 됩니다. 이런 경우에는 스트레칭이나 체조 등으로 몸을 풀어 주고 따듯한 물로 샤워를 하면 긴장이 해소되어 부교감신경이 작용해 숙면을 취할 수 있습니다.

질 좋은 수면을 취해야 하는 또 하나의 이유는 면역기능의 향상에 있습니다. 수면은 교감신경과 부교감신경을 조절해서 자율신경의 균형을 잡아 주는데 이로 인해 신체는 스트레스에 강한 상태가 되어 멜라토닌이라는 뇌의 노화를 막아 주는 호르몬과 면역 세포인 T세포를 활성화시키게 됩니다. 결국 질 좋은 수면이 건강한 삶에 중요한 역할을 하는 것입니다.

현대는 경쟁 사회입니다. 메스컴 등에서 수많은 성공 신화를 들려주며 더 적게 자고 더 열심히 일해야만 성공적인 삶을 살 수 있다고 강요합니다. 그러나 우리는 건강을 잃었던 많은 사람들이 하는 조언에 귀를 기울여야 합니다. 무한 경쟁의 테두리에서 한 발짝 벗어나 자신의 몸이 보내는 신호에 귀 기울이며 자신만의 리듬으로 생명력 넘치는 삶을 사는 것이 진정 성공적인 삶일 것입니다.

④ 호흡과 양생

"호흡은 폐로 공기를 들여오고 그것을 폐에서 내보내는 과정으로, 흉강과 복강의 3차원적 형태 변화에 의해 일어난다."

— 레슬리 카미노프·에이미 매튜스, 『요가 아나토미』 중에서

사람은 호흡에 의해 대자연의 기운을 받아들여 생명을 영위해 나갈 수 있습니다.

호흡은 의식하지 않아도 자연히 이루어지지만 의식을 가지고 조정할 수 있는 두 가지의 특징을 가지고 있습니다. 이것은 우리 스스로 조절할 수 없는 불수의기관[22]의 움직임을 호흡을 통해 조절할 수 있는 이유가 되기도 합니다.

호흡 방법은 세 가지의 형태로 구분할 수 있습니다.

먼저 어깨를 들썩거리며 흉부의 위쪽으로 얕은 호흡을 하는 '상하 호흡'이 있습니다. 상하 호흡을 하면 교감신경이 자극되어 스트레스 호르몬인 아드레날린과 노르아드레날린 등이 분비되어 건강에 좋지 못한 영향을 끼치게 됩니다. 일반적으로 화를 내거나 흥분해 있는

---

22) 불수의기관不隨意器官: 의식적으로 조절할 수 없는 기관.

사람을 보면 이 상하호흡을 하고 있는 것을 알 수 있습니다.

두 번째는 흉부의 하부를 좌우로 확장하는 '좌우호흡'이 있습니다. 올바른 흉식호흡은 이 좌우 호흡을 말하며 움직임을 편안하게 하고 간이나 위 등의 장부에 혈액을 원활히 공급할 수 있도록 돕는 작용을 합니다. 운동이 부족하거나 오랜 기간 앉아서 생활하는 사람들은 가슴이나 등의 근육이 굳어 있어 호흡을 할 때 흉곽이 충분히 확장하지 않아 호흡량이 부족하게 됩니다. 이때 의식적으로 좌우호흡을 계속하면 늑골 부위 근육의 신축성이 좋아져서 숨쉬기가 편안해지고 호흡량이 많아집니다. 흉식호흡은 복식호흡과 비교해 복압을 유지하기가 쉬워 체간體幹[23]을 안정시킨 상태로 움직일 수 있다는 장점이 있으며 상체를 바르게 세워야 좌우호흡을 하기에 유리합니다.

세 번째는 복식호흡이라 불리는 '전후호흡'이 있습니다. 전후호흡은 마음을 정돈하는 작용이 있는데 화가 나거나 긴장이 되면 심장 박동이 빨라지고 혈관이 수축되며 상하호흡을 하지만 이때 복식호흡으로 전환해 느리고 깊게 숨을 쉬면 부교감신경이 활성화되면서 심장박동이 진정되고 산소 공급이 원활해지면서 근육이 이완되고 심신이 편안해집니다.

흉식호흡이나 복식호흡을 하면 1회 호흡량이 많아지기 때문에 저절로 호흡 횟수가 줄어들며 자연스럽게 횡격막을 사용하게 됩니다. 이는 부교감신경의 작용을 활발하게 해 뇌내에서 세로토닌이나 베타엔돌핀 등의 기분을 좋게 하는 물질의 분비로 이어지고 그 효과로

---

23) 체간體幹: 척추동물에서 몸의 중심이 되는 주요한 부분. 두부頭部, 경부頸部, 흉부胸部, 복부腹部, 미부尾部로 구분됨.(출처: 다음사전)

휴식이나 수면의 질이 높아지게 됩니다.

호흡은 기본적으로 코로 숨을 쉬는 코호흡이 좋습니다. 입으로 호흡을 하게 되면 성문聲門이 열려서 복강의 내압이 저하되어 골격과 근육 등의 운동기관의 기능에 좋지 못한 영향을 끼치게 됩니다. 또한 비염이나 축농증에 걸려서 코로 숨을 쉬지 못하는 사람들이 항상 머리가 멍하고 호흡을 가쁘게 쉬는 것에서 알 수 있듯 입으로 하는 호흡은 코로 하는 호흡에 비해 산소를 원활하게 공급받지 못해 머리와 뇌의 기능을 저하시킨다고 합니다.[24]

이 외에 코로 호흡을 하면 공기 중에 있는 미세한 먼지들을 걸러 주는 역할을 해 신선한 공기를 들이쉴 수 있으며 공기가 코를 통하는 동안 온도를 높여 주어 따듯한 공기를 폐에 공급할 수 있다는 장점 등이 있습니다.

그리고 호흡을 통해 얻을 수 있는 효과중 하나는 안정적으로 순간적인 힘을 증가시킬 수 있다는 것입니다. 이는 역호흡逆呼吸을 수련해 단련할 수 있는데 일종의 호흡 타이밍이라고 할 수 있습니다. 수련 중이나 혹은 위급할 시 부하가 가장 크게 걸리는 순간에 맞추어 짧고 강하게 숨을 내쉬는 것인데 숙련되면 몸 안에 숨겨져 있는 잠재력을 끌어내어 자신이 발휘할 수 있는 최대한의 힘을 발휘할 수 있게 됩니다.

호흡만 잘해도 100년을 건강하게 살 수 있다고 합니다.

현대사회에서 우리는 심신의 안정과 편안한 삶을 위해 더욱 호흡에 집중해야 합니다.

---

24) 이토 카즈마, 『턱만 당겨도 통증이 사라진다』, 장은주 옮김, 위즈덤하우스(2015).

4) 운동과 생활 습관

건강을 유지하기 위해서 가장 중요한 것은 올바른 운동과 그에 따른 바른 자세를 만드는 것입니다. 그리고 그것 이상으로 중요한 것은 바른 자세를 지속적으로 유지하는 것입니다. 그런데 바른 자세의 유지는 바른 자세를 만드는 것보다 더욱 어렵습니다. 그것은 각자가 갖고 있는 직업과 생활환경, 심리적 상태의 영향을 받으며 고착된 습관 때문입니다.

컴퓨터를 다루는 일을 직업으로 삼은 현대인의 생활을 살펴보면, 기본적으로 두부 전방(거북목) 자세가 되어 있을 확률이 높은데 그로 인해 두개골과 목, 어깨 등의 정렬이 깨져서 바른 자세를 유지하기 쉽지 않을 것입니다. 또한, 의자에 오래 앉아 있는 사람들은 고관절의 근육이 짧아져 허리를 펴는 동작이 어려워지며, 여성들의 지속적인 하이힐 착용은 종아리 근육을 짧게 하고 발가락을 압박해 보행에 지장을 주게 됩니다.

위의 현상들은 직업 및 주변 환경에 의해 자신도 모르게 서서히 이루어지는 것으로 잘못된 동작의 반복은 장기간에 걸쳐 신체의 변형을 일으키고 변형이 일어난 신체로 인해 생활 전반에 걸쳐 잘못된 동작을 하게 되는 악순환을 일으킵니다. 이것이 바로 건강을 해치는 습관이며 필자가 요구하는 바른 자세 유지를 저해하는 가장 큰 요인입니다.

바른 자세를 유지하기 어려운 또 다른 이유는 습관에 의한 감각의 오류에 의해서 발생하는데 오랜 기간의 잘못된 자세에 의해 골격에 변형이 생겼거나 습관적으로 근육을 긴장시키는 행동을 하는 사람에게 바른 자세에 관해 설명하고 바르게 서게 한 후, 관찰하면 바른 자세로 서지 못하는 경우가 많습니다. 우리의 느낌은 실제와 부합되지 않는 부조화가 발생하는 경우가 많은데 태극권 수련에서 마음에서 일어나는 착각을 현실로 받아들이는 유심론唯心論적인 사고思考를 경계해야 하는 것도 같은 이유 때문입니다. 습관에 의한 동작은 부지불식간에 일어납니다. 그리고 문제가 되는 것은 습관에 의해 만들어진 잘못된 자세가 편안하다고 느끼게 되어 부상의 위험이 있음에도 지속하려고 하며 고치기가 힘들다는 데 있습니다. 습관에서 벗어나 지지근을 사용할 수 있게 되어 긴장과 이완의 조화에 의한 인체의 효율적인 동작을 위해서는 자신의 느낌이 아닌 실질적인 검증을 통해 감각을 새롭게 정립해야 할 것이며 이를 위해서는 숙련된 지도자의 도움이 필수입니다.

① 병과 생활 습관

"의료란 원래 식이요법과 운동요법을 선행한 다음에 약물요법을 진행하는데, 최근 몇 십년 동안은 약물요법이 압도적인 우위를 차지했다. 이 현상은 과연 올바를까? 환자의 생활 습관을 바로잡아 병증을 완화 시키거나 완치하는 것, 건강을 해치는 생활 습관을 고칠 수 있도록 조언하는 것이야말로 의사의 본분은 아닐까?"

— 나가오 가즈히로, 『병의 90퍼센트는 걷기만 해도 낫는다』 중에서

아주 오래전 중국에는 독특한 의료시스템을 가진 마을이 있었다고 합니다. 마을에는 의사가 있으며 온 마을 사람들이 돈을 모아 의사에게 급료를 지불했다고 합니다. 다만 급료는 마을에 아픈 사람이 없을 때 지불되며 만약에 마을에 환자가 생기게 되면 치료가 마무리 될 때까지 급료의 지불을 중단했다고 합니다. 짐작컨대 이 마을의 의사는 평소에 마을 사람들의 체질과 습관 그리고 식사 등을 살펴서 마을 사람들이 자신의 신체에 맞는 방식의 생활을 해 사전에 질병을 예방하도록 조언하는 일을 했을 것입니다.

실제로 대부분의 질병은 잘못된 생활 습관이 오랫동안 축적되어 온 결과물입니다. 우리가 싸워야 할 상대는 우리의 잘못된 생활 습관이지 질병이 아닐지도 모릅니다. 어쩌면 질병은 잘못된 생활에 대해 반성하고 개선할 수 있는 기회라고 생각합니다. 현대인들 대다수는 몸이 보내는 신호에 귀 기울이고 예방하는 노력을 하기보다는 질병이 심해진 후에야 질병의 증상을 줄여 주거나 통증을 느끼지 못하게 하는 대증치료에 의존하고 있습니다. 이러한 방법은 신체에 부담을 주게 되어 궁극적으로는 신체의 면역력을 파괴하고 신체가 가지고 있는 자연치유력을 약하게 만드는 결과만을 초래할 뿐입니다. 자신의 건강은 전적으로 자신에게 달려 있는 것입니다.

건강을 위해 좋은 자세를 유지하는 습관을 들여야 합니다. 바르지 못한 자세에 의한 균형의 상실은 몸의 뒤틀림을 가져오게 되는데 이러한 뒤틀림이야말로 만병의 근원이라 할 수 있습니다. 현대인들을 괴롭히는 대표적인 질환인 목디스크도 잘못된 자세에 의해 생기는 것으로 스마트폰의 사용을 원인으로 들 수 있습니다. 장시간의 스마트폰 사용으로 인해 거북목이 되면 경추의 자연스러운 S 자 곡선이 무너지게 되는데 이렇게 되면 목을 지지해 주는 근육이 약해져 어깨가 앞으로 말리는 자세가 되어 팔을 들어 올리기 힘든 만성 어깨통증의 원인이 되기도 합니다. 또한, 경추의 틀어짐으로 인해 신경이 눌리고 혈액공급이 원활하게 이루어지지 않아 두통, 턱관절장애, 시력저하, 안구피로, 어지럼증, 후두부뭉침 등이 생깁니다.

허리나 엉덩이 등의 통증도 모두 자세가 틀어져 생기는 것으로 자세를 유지해 주는 지지근의 균형이 맞지 않는 것이 원인입니다.

그 외에 심장 발작이나 뇌졸중 그리고 암이나 알츠하이머, 당뇨병 같은 질환과 냉증, 근력약화, 내장기능 저하 등도 오랜 시간 지속해 온 식사와 생활방식 등에 의한 최종 결과인 경우가 많습니다.

호흡을 길게 하고 자세를 바르게 하며 나의 체질에 적합한 식사를 하고 적절한 운동을 습관화하면 몸에 혈액공급이 원활해져 체온이 올라가고 염증이 제거되며 자율신경이 활성화되어 면역력이 높아지게 되어 자신의 신체는 다시 건강을 되찾게 될 것입니다.

> "통증은 신체가 정상적이지 않다는 것을 알려 주는 신호이다.
> 이때는 반드시 변화가 필요하다."
>
> — 마이클 로젠가트, 『프리햅 운동』 중에서

근골격계에 일어나는 통증은 생활 습관병에 가깝다고 할 수 있습니다. 근육은 수축과 이완을 일으켜 움직임을 만들어 내는데 잘못된 자세를 오랜 시간 유지하는 것과 잘못된 움직임, 격렬한 운동 등은 근육에 과중한 부하를 일으켜 관절의 퇴화에 의한 통증을 만들어 냅니다. 지나치게 움직이지 않는 것 역시 근육의 약화를 만들고 근육의 길이가 짧아지는 등의 퇴행 변화에 의한 통증을 만들어 내게 됩니다.

결국 통증은 구조가 맞지 않은 자세와 오랜 기간 반복된 움직임에 의해 연부조직에 악영향을 끼쳐 생기는 것으로 근육이나 인대 등이 단단하게 굳어져 조직 자체에 변화가 생겨 통증이 발생하게 됩니다. 일단 통증이 발생하면 뇌는 부상 부위가 넓어지는 것을 막기 위해 통증이 있는 곳에 제동을 걸어 움직이지 못하게 하는데 이로 인해 근육과 근막이 유착되어 관절을 움직이기가 더욱 어려워지며 움직이려 할수록 더 통증이 심해지는 원인이 됩니다.

이렇게 아픈 부위를 움직이지 못하게 하려고 유착이 일어난 피부와 근막에 통증을 느끼게 하는 압통점[25]이 생기게 되는데 실제 통증은 압통점과 다른 부위에 일어나게 되며 이런 이유로 통증이 어느 정도 진정되기 전까지는 부상과 상관없는 부위가 광범위하게 아파서 정말 부상이 있는 부위가 어디인지 스스로도 알지 못하는 경우가 많습니다. 통증에서 벗어나기 위해서는 압통점을 찾아 통증의 원인이 되는 자세와 움직임을 개선해 주어야 하는 이유입니다.

통증을 발생시키는 또 다른 원인은 움직여야 하는 관절이 부상 등의 원인으로 움직임이 제한될 때 부족한 움직임을 다른 관절이 대체하는 대상운동에 의해 나타나게 됩니다. 1장에서 설명한 안정성 관

---

25) 압통점壓痛點: 피부를 압박했을 때 아픔을 특히 강하게 느끼는 부분. 신경이 갈라지거나 심부深部에서 표층으로 나타나는 곳에 있는데, 특정 압통점의 비정상적인 아픔은 특정 질병과 관계가 있으므로 진단의 한 방법이 됨.(출처: 다음사전)

절과 가동성 관절에서 말한 것과 같이 움직여야 할 관절의 경직으로 인해 움직이지 않게 되고 고정되어야 하는 관절이 움직여서 통증이 발생하는 것으로 예를 들어 흉추의 가동 범위가 좁아지게 되면 상체를 회전하는 동작 시 고정되어 있어야 할 요추가 과도하게 신전되어 통증이 발생하게 됩니다. 이런 상황에서 계속 똑같은 동작을 반복하면 통증이 더욱 심해지게 되므로 원인이 되는 흉추의 관절가동 범위를 넓혀 주는 스트레칭을 행하며 뭉친 근육을 풀어 주고 동시에 약해진 요추를 튼튼하게 해 주는 운동을 병행해야만 통증을 제거할 수 있습니다. 통증이란 결과이지 원인이 아니며 치유를 위해서는 바른 자세와 정확한 동작이 필요합니다.

요즘 들어 걷기운동의 장점이 부각되어 많은 사람들이 건강을 위해 걷기운동을 하고 있습니다. 걷기운동은 심폐기능 향상과 하반신 근육 강화 다이어트 등의 효과가 있습니다. 다만 바르지 않은 걷기는 도리어 열심히 걷는 것에 의해 통증 발생의 원인이 되기도 합니다.

꾸준히 걷게 되면 발목과 무릎관절 그리고 고관절 등의 부위에 통증이 발생하게 되는데 이는 바르지 못한 자세로 인해 체중이 골고루 분배되지 못하고 한쪽으로 치우쳐 특정 부위에 과도한 부하가 걸리기 때문입니다. 부상 없이 걷기 위해서는 먼저 바른 자세가 선행되어야 하며 다음이 근육의 올바른 이용입니다. 바르게 걷기 위해서는 장요근과 대둔근 그리고 골반저근의 사용이 필요하며 이러한 근육들의 효율적인 사용을 위해 골반의 자세가 중요한데 골반을 앞으로 기울어 꼬리뼈가 후방으로 15도가량 뒤집어진 자세가 좋습니다.

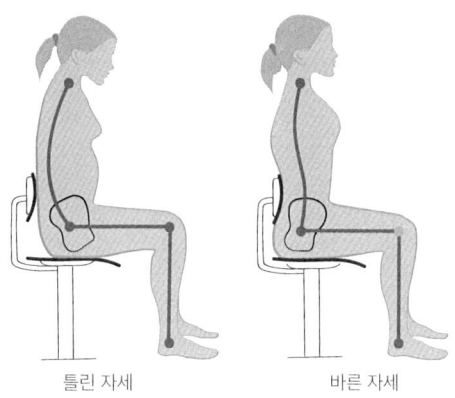

틀린 자세　　　　　바른 자세
골반의 바른 각도

아프리카의 마사이족들이 골반이 앞으로 기울어진 상태여서 특별히 의식하지 않아도 신체가 바른 자세를 유지하며 오래 걸어도 피로를 느끼지 않는 반면에, 일반적으로 동양인들의 골반은 뒤로 기울어진 사람이 많아서 골반 주변의 근육이 약해져 오래 걷기 어려워지고 무릎이나 허리의 통증이 발생하는 원인이 된다고 합니다. 따라서 우리는 골반의 자세에 더 주의를 기울여야 합니다.

골반의 자세를 바르게 해야 장요근과 대둔근 등의 근육들을 바르게 사용하게 되어 잘못된 걷기에 의해 발생되는 부상과 통증을 예방할 수 있습니다.

걷는 운동의 또 다른 단점은 획일적인 움직임만 반복한다는 것입니다. 잘 포장된 도로 위를 오랜 시간 걷게 되면 반복된 움직임에 의해 특정 근육에만 과도하게 운동이 일어나게 되어 근육의 밸런스가 깨지고 인체 구조의 정렬이 맞지 않게 됩니다. 가능하다면, 포장된 도로보다는 개울도 건너고 오솔길도 만나는 다양한 움직임이 가능한 길을 걷는 것이 바람직합니다. 또한, 걷기운동 전후에 기공체조나 태극권 등으로 전신을 조화롭게 움직이는 동작을 추가해 걷기운동에서 발생하는 부족함을 보충해 주는 것이 좋겠습니다.

② 올바른 생활 습관의 유지

> "반복적인 행동은 다른 어떤 것보다 신체 움직임의 변화에 큰 영향을 미친다."
>
> — 마이클 로젠가트, 『프리햅 운동』 중에서

주역에 나오는 효爻의 해석 중에 "반복도야反復道也"라는 구절이 있습니다. 도道란 일상생활을 영위하기 위한 양질의 행위들을 충실하게 반복하는 과정에서 저절로 이루게 되는 것이라고 생각합니다. 우리는 일상생활에서 건강한 삶을 유지하기 위해 경제활동과 취미활동 그리고 사회활동 등을 하며 매일 저녁 질 높은 수면을 취하고 하루 세 번 양질의 음식을 섭취합니다. 삶을 지속해 나가기 위해 이 모든 행위들은 매일 매일 반복해서 행하게 됩니다. 운동을 지속하고 지속가능하게 만들기 위해서는 운동이라는 것 자체를 반복되는 일상생활의 순환에 포함시켜야 합니다. 이 모든 것을 이해해도 하루 세끼 중 한끼도 굶기 힘든 식사와 달리 운동은 며칠 정도 하지 않아도 당장 몸으로 느껴지는 변화가 크지 않아 습관화하기가 어렵습니다.

그렇기 때문에 자기 스스로가 운동에 재미를 느껴야 합니다. 만약 운동 자체를 지속적으로 즐길 수 있다면 중세 수도원의 수도승처럼 금욕적인 생활을 하며 365일 24시간 건강을 걱정할 필요가 없습니다. 중증의 환자가 아닌 평범한 사람이 자신의 건강을 위해 수도승의 고행과 같은 생활을 한다는 것은 정신적인 스트레스를 유발하고 건전한 사회생활에 영향을 끼쳐 결국에는 목표한 생활을 지속하지 못하게 되거나 삶의 기쁨을 잃게 될 것이 자명합니다. 인간이 건강한 삶을 살려는 궁극적인 이유는 매일 즐겁고 독립적으로 살기 위해서가 아닐까요? 필요하다면 가끔은 심리적인 죄책감 없이 운동을 빼먹고 친구들과 만나 즐거운 시간을 보내는 것도 운동을 지속하기 위해 꼭 필요한 일입니다.

> "피아노나 바이올린을 몇 개월 배웠다고 제대로 된 연주를 할 수 없다."
>
> — 이승원, 『우리 몸은 거짓말하지 않는다』 중에서

중국의 문화와 중국인들의 특성에 대해 '만만디慢慢的'라는 단어로 요약하기도 합니다. 한국말로 번역하면 "천천히 해, 서두를 것 없어." 정도로 표현할 수 있을 것 같습니다. 세상에는 쉽게 배울 수 있는 것이 있고 쉽게 배울 수 없는 것이 있습니다. 상식적으로 생각해도 쉽게 배우기 힘든 것이 가치가 높은 것임이 자명한 이치이며 가치가 높은 것일수록 서두르지 않고 오랜 시간 느긋하게 배우려는 마음의 자세가 필요합니다.

태극권을 처음 접하는 분들은 태극권의 느릿하게 움직이는 동작을

보고 운동 효과에 대해 의심을 하기도 하고 상당한 시간이 지나도록 흥미를 느끼지 못하기도 합니다. 그리고 태극권에 쉽게 다가가지 못하는 또 다른 이유는 배우기가 쉽지 않은 난해한 운동이라는 점입니다. 그러나 느리게 움직이는 동작 안에는 인체 생리에 부합되는 운동 형식과 동양 철학의 정수가 포함되어 있다는 사실을 깨닫고 수련을 계속해 나갈수록 건강이 좋아지면 흥미가 깊어지게 되어 나중에는 수련을 그만두려고 해도 그만두기가 어려운, 평생 수련을 계속할 수밖에 없는 종목이기도 합니다.

"아무리 오랜 기간 열심히 수련했어도 현재 수련하고 있지 않다면 '예전에 수련한 적이 있었다'고 해야 한다."라는 글귀를 어느 무술 서적에서 읽은 기억이 납니다. 열심히 하는 것보다는 꾸준히 계속하고 있는 것이 중요합니다. 흥미나 유행을 따라 잠깐이면 습득할 수 있는 단순하고 반복적인 운동 종목을 선택해 중도에 수련을 그만두는 것보다는 처음에는 조금 어렵게 느껴지지만 지속해 나갈수록 흥미가 생기고 건강이라는 측면 이외에 지적인 만족도 함께 충족되어 평생을 함께하며 수련해 나갈 수 있는 운동. 그래서 결과를 향힌 질주가 아닌 현재의 수련과 생활에 더욱 충만감을 느끼며 자신의 수준을 높여 줄 수 있는 현재 진행형인 종목이 좋지 않을까요?

5) 운동과 노년

"60 이후는 유혼의 괘로서 후천적인 타좌打坐나 태극권, 요가 또는 보약으로 버티는 것이지 본래 타고난 명命의 힘은 아닙니다."

— 남회근, 『역경잡설』 중에서

인간의 노화는 20대를 정점으로 서서히 진행되다가 죽음 직전 급격하게 진행됩니다. 이러한 현상은 일반적으로 중년 이후에는 일정 수준의 신체 능력이 유지되다가 인체 기능의 저하로 죽음을 맞이하기 때문입니다. 그러나 인간의 노화가 무조건 나쁘다고 할 수만은 없습니다. 필자가 태극권을 가르친 어르신들에게 "다시 젊은 시절로 돌아가고 싶은지요?"라는 질문을 한 적이 있었습니다. 그러자 의외로 한 분의 예외 없이 "현재가 좋다. 다시 미숙했던 젊은 시절로 돌아가고 싶지 않다."라는 대답을 해서 놀랐던 적이 있었습니다. 이 대화 이후로 비록 시간이 흘러 나이가 들지만 젊은 시절에 없었던 정신적인 성숙함이나 노련함, 인생을 바라보는 통찰력 등 능력이 향상되는 부분을 더욱 소중하게 생각하며 살기로 했습니다.

노화가 시작되는 시기와 진행 과정은 국가나, 성별, 생활환경 등의 요인에 따라 다르게 적용됩니다. 도시와 교외의 생활을 비교해 보면, 도시에서 생활하는 고령자들은 도구의 사용과 대중교통의 이용으로 몸을 움직이거나 걷는 등의 신체 활동을 덜 하는 경향이 있으며 필요에 따라 실내의 체육시설을 이용해 운동을 하는 데 반해, 교외에서 지내는 고령자들은 도시의 고령자들보다 적은 편의시설로 일상생활을 영위하기 위한 신체의 기본적인 움직임이 더 많기 때문에 도시보다 교외에 지내는 고령자의 노화가 더 늦게 진행될 수 있습니다.

노화를 늦추기 위해서는 하반신의 근육 강화가 중요합니다. 고령자들이 일상을 영위하기 위해서는 보행 능력이 필수입니다. 걷지 못하게 되면 일상의 움직임을 하지 못하게 되고, 일상의 움직임을 하지 못하게 되면 생활을 위한 기본적인 신체의 기능이 쇠퇴해 남의 도움을 필요로 하는 상태가 되어 버리는 것은 당연한 결과일 것입니다.[26]

근육 운동을 열심히 해 우람한 근육을 지니고 있지만, 걷는 속도가 느려지거나 일상생활에서의 동작이 부자유스러우면 건강한 노년을 보낼 수 있다고 보장하지 못합니다. 가끔 장수마을을 소개하는 TV 프로그램에 나오는 사람들의 공통된 특성을 보면, 신선한 음식의 섭취와 주민들과의 활발한 왕래, 그리고 일상생활에 필요한 노동을 부지런하게 하고 있으며 노년이 된 현재까지도 부지런히 몸을 움직이고 있다는 것을 발견할 수 있습니다.

몸을 부지런히 움직이면 노인 냄새가 감소합니다. 노인 냄새는 40대 이상의 남자들에게서 주로 발생하는데 대사증후군과 저체온에 의해 세포의 재생이 이루어지지 않고 노폐물이 쌓여 생기게 됩니다. 운동을 하면 혈액순환이 원활해지고 체온이 상승해 노인 냄새를 감소시킬 수 있습니다.

건강한 노년을 위한 또 하나의 방법은 남들과 대화를 많이 하는 것입니다. 사람의 두뇌는 인풋input보다 아웃풋output일 때 정보의 재

---

[26] 시바타 히로시, 『고기 먹는 사람이 오래 산다』, 이소영 옮김, 중앙북스(2014).

구축으로 인해 두뇌활동이 더욱 활성화되어 치매를 예방하는 데 도움이 된다고 합니다. 이웃들과 어울려 대화도 나누고 자신이 배운 지식을 이웃에게 이야기하면서 사회적 관계를 맺는 시간을 보내는 것이 건강한 노년을 위한 최적의 솔루션임을 필자는 확신합니다.

  그렇기 때문에 돈이 많이 들고 공간의 제약을 크게 받는 거창한 운동보다는, 생활 기능의 유지와 사회활동 능력의 향상에 초점을 맞추어 생활 속에서 부지런하게 움직이고 타인과 즐거운 유대관계를 맺는 것이 노화의 진행을 늦추고 건강한 노년을 보낼 수 있는 효과적이고 경제적인 방법이라고 믿습니다.

2. 삶을 건강하게 해 주는 운동

앞 절에서 건강한 삶을 살기 위해서는 올바른 생활 습관을 가지고 원만한 대인관계를 유지하며 꾸준하게 운동하는 것이 최상의 방법이라는 것을 이야기했습니다. 그렇다면 하늘의 별만큼 많은 운동들 중에서 어떤 운동이 자신에게 도움이 되는지 알아보겠습니다.

보통 운동은 운동 강도에 따라 고강도 운동, 중강도 운동으로 구분할 수 있습니다. '한국인을 위한 신체활동 지침서(2013)'에 의하면 고강도 운동은 조깅, 중량운동, 배드민턴 시합, 등산(오르막), 수영 시합, 축구 시합, 줄넘기, 인라인스케이트, 무거운 물건 나르기 등과 같이 심장 박동이 많이 빨라지거나 호흡이 많이 가쁜 상태의 운동을 말합니다.

중강도 운동은 빨리 걷기, 자전거 타기, 배드민턴 연습, 등산(내리막), 수영 연습, 청소(진공청소기 이용) 등과 같이 심장 박동이 조금 빨라지거나 호흡이 약간 가쁜 상태의 운동을 말합니다. 이 운동은 자신의 평소 체력보다는 조금 높은 운동 강도라고 생각하면 됩니다. 지금부터 고강도 운동과 중강도 운동의 특성을 확인하고 장단점을 확인해 보겠습니다.

1) 고강도 운동과 중강도 운동

① 고강도 운동

"병에 걸렸을 때 더 많은 약을 먹는다고 해서 더 좋은 효과가 나지 않는 것처럼 운동을 더 많이 한다고 더 효과적이지 않다. 오히려 더 나빠진다. (…) 걷기, 자전거, 요가, 필라테스, 스트레칭, 태극권, 명상, 기공체조 같은 운동은 비교적 강도가 약하고 충격은 적은 원기를 회복할 수 있는 운동이다."

— 조나단 베일러, 『칼로리의 거짓말』 중에서

적절한 운동 강도란 개개인의 목적에 따라 다릅니다. 스포츠에 종사하는 직업선수라면 좋은 성적을 얻기 위해 자신의 몸에 상당한 부하가 걸리는 고강도 운동을 해야만 합니다. 현대 스포츠에서 고강도 운동을 하기 위해서는 먼저 준비운동으로 온몸이 촉촉해질 정도로 땀이 나고 심장에 적당한 부담이 갈 정도로 몸을 준비한 후에야 비로소 몸에 굉장한 부하가 걸리는 본 운동에 들어가게 됩니다. 몸이 괴로워할 만큼 강도 높은 혹독한 훈련으로 선수들은 시합에서 훌륭한 성과를 얻을지는 모르지만 일상에서 각종 부상과 고질병으로 고통스럽게 보내는 경우를 우리는 매스컴을 통해 자주 접합니다. 또한, 프로 스포츠 선수들의 평균 수명이 다른 직업군보다 현저히 낮다는 것을 감안해 보면 시합에서 좋은 결과를 얻기 위한 목적을 제외하면 이러한 극심한 고강도의 훈련은 건강에 그다지 좋지 못하다는 것을 짐작할 수 있습니다.

중국의 우슈 선수들 사이에서 유행하는 "니에콰이러你也快了(너도 금방이야)."라는 말은 선수 생활 중의 격한 운동으로 인한 과로와 부상으로 중년 이후 자신을 괴롭힐 신체의 고통을 표현하는 말입니다. 이러한 언어 사용의 사례만 보아도 고강도 운동이 신체에 가져다주는 단점을 알 수 있습니다. 필자와 가까이 지내던 중국 무술팀의 코치 한 분은 젊은 시절 격렬한 운동의 후유증으로 관절이 자연스럽지 못했는데, 항상 필자에게 선수들의 훈련 방법이 건강에는 좋지 않다며 "뚜이션티부하오對身体不好(몸에 좋지 않다)."라는 말을 했던 기억이 납니다.

인도 힌두교의 경전 '베다Veda'에 의해 전승된 전통 의학 '아유르베다Ayurveda'에서는 서양 스포츠의 준비운동 수준에서 즉, 호흡이 가빠지고 입안이 마르며 이마에 땀이 나는 정도에서 운동을 멈출 때 위 분비액이 위장을 벗어나 다른 신체 장소에 해로운 영향을 미치는 것을 방지해 인체에 가장 큰 이로움을 줄 수 있다고 합니다. 아마도 현내 생리학적인 개념으로 살펴보면 위나 장기의 소화와 순환을 위해 공급되어야 할 혈액이 근육으로 공급되어 생기는 현상을 방지하기 위한 것으로 이해하면 될 듯합니다.

"스포츠 선수들이 하는 격렬한 운동은 장기와 신체조직에 해롭고 병에 대한 저항력을 떨어뜨린다."

— 히포크라테스Hippocrates

운동을 위해 우리의 몸은 식사를 통해 섭취한 음식물을 위에서 소화시켜 발생한 에너지를 사용하게 됩니다. 이렇게 발생한 에너지는 혈액을 통해 전신에 공급하게 되는데, 이때 고강도의 운동을 하면 우리의 몸은 더욱 많은 에너지를 필요로 하게 되며 호흡에 의해 공급되는 산소량의 부족과 운동 후 발생하는 이산화탄소의 배출이 효율적으로 이루어지지 않음으로 인해 몸속에 불완전연소에 의해서 발생한 산화물(젖산)이 쌓이게 되는데 이는 세포의 노화나 근육의 통증을 일으키는 요인이 됩니다.

고강도 운동, 예를 들어 전력질주나 장거리 달리기, 무거운 중량물을 들어 올리는 운동 등은 근육에 너무 큰 부하를 가하게 되어 불완전연소에 의한 산화물의 결과로 근육의 통증을 만들어 냅니다. 그리고 근육의 경화를 만들어 심하면 뼈의 위치를 변화시키기도 합니다. 또한 불완전연소는 심장에 무리를 가져옵니다. 걷기와 달리기를 비교해 설명해 보면 달리기는 걷기보다 약 세 배에 달하는 중량이 한쪽 다리에 가해져 무릎이나 발목 등에 부상을 가져오기 쉽습니다. 특히 조심해야 할 것은 심장인데, 달리기는 걷기에 비해 훨씬 많은 심장 박동의 상승을 가져오게 되는데, 심장박동수가 분당 140회가 넘게 되면 부정맥이나 협심증이 발생하기 쉬우며 지병이 있는 경우, 심장이 갑자기 멈추는 돌연사가 발생할 수도 있습니다. 우리의 몸에 운동 강도의 변화가 일어날 때 교감신경과 부교감신경의 변화가 일어나는데, 너무 급격한 변화의 순간이 특히 위험하므로 적절한 강도의 운동을 지속하는 것이 건강을 유지하는 데 필요합니다.

고강도 운동을 하면 우리 몸에 활성산소가 생깁니다. 많이 움직일

수록 우리 몸은 많은 양의 산소가 필요한데 체내에서 소비되는 산소는 같은 비율의 활성산소를 만들어 내게 됩니다. 활성산소는 노화를 촉진시키고 여러 가지 질환을 만들어 내는 주범이기도 합니다. 또한 너무 격렬한 고강도의 운동은 우리의 몸에 스트레스를 가중시키게 되는데 이 또한 인체에 안 좋은 영향을 끼치게 됩니다. 운동을 하지 않으면 도리어 몸이 아파서 운동을 꼭 해야만 하며 운동을 해야만 비로소 기분이 좋아진다고 하는 사람들은 일종의 운동중독 증상으로, 과격한 운동으로 인한 신체의 괴로움을 잊기 위해 뇌에서 마약성분인 '베타엔드로핀'이라는 물질을 분비해서 생기는 현상입니다. 이런 운동중독 증상은 운동을 해야만 기분이 좋아지고 몸이 상쾌해지는 기분이 들기 때문에 신체에 무리가 가는 운동을 반복해서 하는 악순환이 되풀이됩니다. 따라서 신체는 도리어 강력한 스트레스에 놓여 있다는 것과 같습니다.

우리의 몸은 근육과 장기에 부담을 줄 정도의 무거운 물건을 들거나 빠른 속도로 오랜 시간 달리도록 진화되지 않았습니다. 근육을 만들기 위해 무거운 물건을 들어 올리는 훈련을 지속하면 근육은 비정상적으로 크고 팽창된 근섬유를 만들어 손상되기 쉬우며 기능적으로 문제가 생기게 되어 필요 이상의 에너지를 지속적으로 소모하게 됩니다. 그리고 불필요한 근육량의 증가로 자연스러운 동작을 방해하게 됩니다. 또한 지나치게 무거운 물건을 들어 올리는 행위는 혈압을 올려 뇌졸중과 대동맥 질환의 위험을 증가시키며 관절과 근육 등에 빠른 노화를 가져오기도 합니다. 장거리 달리기의 경우에는 역시 심장에 무리를 가해 심장정지나 돌연사 등의 위험이 증가하며 허리나 무릎의 통증을 불러오고 관절이나 인대 그리고 피로골절 등의 발생 가능성 또한 높아집니다.

② 중강도 운동

"운동이란 보통 의도적으로, 때로는 불쾌하게 땀을 흘리며 애쓰는 것으로 인생의 시간을 빼앗아 갈 수 있는 것인 반면, 신체 활동은 일이든 놀이이든 몸의 움직임을 수반하는 일상생활에서의 어떤 것도 될 수 있다."

— 로버트 온스타인, 데이비드 소벌 『건강의 기쁨 Healthy Pleasures』 중에서

'아유르베다'에서 강조하는 운동은 요즈음 선호되는 크고 강한 근육이나 외형상 아름다워 보이는 부자연스럽게 단련된 몸이 아니라 일상생활에서 더위나 추위, 배고픔, 갈증이나 피로 등을 이겨 내는 생활 내구력을 중요시하며, 또한 근육이나 관절을 부드럽게 유지해 구부리거나 뻗는 등의 일상의 움직임입니다. 이러한 움직임은 앞서 이야기한 고강도의 운동과 달리 중강도 운동이라고 부르며 빨리 걷기, 자전거 타기, 배드민턴 연습, 등산(내리막), 수영 연습, 전통무용, 태극권, 기공체조, 청소 등의 움직임에서 찾아볼 수 있습니다. 이러한 중강도의 움직임은 고강도 운동으로 신체에 무리를 주는 스포츠에 비해 자연스럽고 안정적인 동작으로 관절을 움직입니다. '아유르베다'에서 이야기한 것과 같이 건강을 유지해 주는 운동은 중강도로

느리게 움직이는 운동입니다. 그리고 중강도 운동에 가장 부합되는 운동은 우리가 일상생활에서 삶을 영위하기 위해 수행하는 움직임이 대표적입니다. 시간은 많이 소요되겠지만 평상시보다 심장 박동이 조금 빠르고 호흡이 약간 가쁜 상태는 인체의 혈액순환이 원활해져 필요한 영양소를 제대로 공급할 수 있습니다. 그리고 각 기관에 무리를 주지 않기 때문에 부상의 위험이 현저히 적습니다.

일반적으로 건강수명이란 일상생활을 영위하기 위한 최소한의 동작인 '앉았다가 일어서기', '누웠다가 일어서기' 그리고 '한발로 균형잡기'의 세 가지 동작이 가능해야 합니다. 즉 다른 사람의 도움을 받지 않고 자립 생활을 할 수 있는 상태를 말하는데 일반적으로 건강수명은 실제 수명보다 짧다고 합니다. 그리고 건강수명과 실제 수명의 차이가 클수록 다른 사람의 도움을 받으며 지내는 시간이 길다는 것을 의미합니다. 하체를 단련하고 일상의 움직임을 많이 할수록 뇌가 활성화되고 인체 내부의 장기가 원활히 움직여 긍정적 호르몬이 생성되어 육체 및 정신적으로 행복해집니다.

운동을 하기 위해서 꼭 체육관에 갈 필요는 없습니다. 산책로 걷기와 화단 손질 같은 일상의 움직임만으로도 우리의 건강은 훨씬 더 좋아질 것입니다.

2) 느림의 미학

'탄수화물 중독증'이라는 책에는 현대인들의 운동 유형을 다음의 네 가지로 구분하고 있습니다.

1. 주말의 전사戰士. 주중에는 운동을 하지 않지만 주말에는 미친 듯이 주로 스포츠 활동을 통해 운동한다.
2. 마지못해 '모범적으로' 운동하는 사람. 내키지는 않지만 운동 수업에 참여해서 일반적으로 추천하는 방법에 따라 심장혈관계 유산소 운동을 적어도 30분씩, 1주에 3회 이상 하는 사람들이다.
3. 달리기, 역기, 기타 종목의 선수들. 격렬한 운동이나 극도로 힘든 체중 부하 운동을 1주에 몇 차례씩 한다.
4. 일상생활 중에 중강도의 신체 활동을 하는 사람. 많이 걷는 사람.

앞에서 이미 살펴본 바와 같이, 건강에 유익한 운동은 당연히 4번 유형인 일상생활 중에 중강도의 신체활동을 하는 사람들입니다.

현대인들은 평상시 생활 중에 거의 운동을 하지 않고 있습니다. 겨우 움직이는 것이 TV 리모컨을 누르거나, 차로 이동하기 위해 잠시 걷는 정도의 운동이 전부인 경우가 많으며, 1번 유형처럼 주말에 몰아서 과격한 운동을 장시간 하거나, 혹은 주중에 조금씩 의무적으로 운동을 하는 사람이 대부분인데, 이들은 '나는 운동을 하고 있으니까 건강한 생활을 하고 있다.'라고 스스로 만족하며 살고 있습니다. 그러나 하루에 30분 혹은 주말에 서너 시간씩 몰아서 운동을 한다고 해도 나머지 시간, 예를 들면 하루 30분을 제외한 23시간 30분은 몸을 움직이지 않고 있다는 것을 스스로 인식해야 합니다.

운동은 다양한 변화가 수반되는 운동이 중요합니다. 필자의 경험과 건강 관련 서적들[27]에 의하면 걷기처럼 단순한 동작이 반복되는 운동은 신체의 근육이 골고루 단련되지 않으며 일정한 근육에 반복된 부하가 누적되어 도리어 근육에 피로가 쌓이는 결과가 수반되기도 한다는 것을 발견했습니다. 단순한 동작을 반복하는 노동에 의해 직업병이 발생하는 실제 사례와 같이 노동과 운동은 구분되어야 합니다. 태극권은 지지근의 단련을 기반으로 진퇴進退의 보법, 굴신屈伸, 전신轉身, 퇴법腿法, 도약 그리고 높낮이의 변화 등 다양한 운동 형식을 포함한 중강도 운동입니다.

그리고 골프나 테니스처럼 빠르고 강하게 임펙트를 실어 움직이는 운동은 몸의 외측 근육인 동작근이 굳어지는 결과를 가져오게 됩니다. 그저 몸을 움직여서 운동만 하면 되는 것이 아니라 몸을 어떻게 움직여 운동을 하는지가 중요합니다.

몸을 부드럽게 천천히 움직이면 혈액의 흐름이 좋아지고 근육도 수축 이완이 잘되는 유연한 상태가 됩니다. 이 유연한 근육은 전신의 대사활동을 촉진시켜 몸속에 생성된 노폐물을 몸 밖으로 배출해 좋은 컨디션을 유지하게 만들어 줍니다. 또한 몸이 굳어져 통증이 생긴 부위를 느리고 부드럽게 의식적으로 움직여 주면 긴장되어 있던

---

27) 참조: 이타쿠라 키요코, 『내 손으로 고치는 생활 통증』, 조영희 옮김, 넥서스BOOKS(2006). 최영희 외, 『노인과 건강』, 현문사(2007).

근육이 이완되어 통증이 사라지기도 합니다. 그러나 불행히도 요즈음은 진정 자신의 몸이 원하는 운동보다는 타인의 시선을 의식한 운동을 선택하는 사람들이 많습니다. 그럴싸해 보이지만 몸은 아우성을 치는 운동보다는 진정 내 몸이 원하는, 그리고 수련을 통해 내면의 건강과 아름다움이 외면으로 투영되는 운동이 좋은 운동입니다.

B·T 태극권
Body Tensegrity Tai Chi

> "권법은 비록 작은 기예이나
> 큰 도가 포함되어 있다 拳雖小技 大道存焉."
>
> — 진흠陳鑫(진식태극권 소가 8대 전인)

1. 전통 태극권과 B·T 태극권

1) 전통 태극권의 역사

태극권太極拳은 그 기원을 알기가 무척 힘든 무술입니다.

태극권의 원류라 부르는 '진식태극권陳式太極拳'의 기원과 관련해 진씨陳氏 9대 진왕정陳王廷이 청나라 때 그의 고향에서 조상들로부터 전해진 무술에 근거해 여러 무술의 장점들을 받아들이고 여기에 경락학經絡學과 토납도인술吐納導引術을 결합했으며 고대 음양학설陰陽學說을 근거로 삼아 진식태극권을 창시했다는 설이 유력하지만 도교의 장삼봉張三丰이 창설했다는 설도 있습니다.

태극권은 호신술로 시작했으나 지금은 양생 분야에 더 이름이 알려져 있습니다. 중국 정부는 1955년에 만든 '24식 간화 태극권二十四式 簡化 太極拳'을 전국에 보급해 연령에 구애받지 않고 수련하도록 했으며 2020년 12월에 유네스코 인류무형문화유산에 태극권을 등재시켰습니다.

태극권의 종류는 다양해서 진식陳式, 양식楊式, 오식吳式, 손식孫式, 무식武式 등 여러 종류의 태극권이 존재합니다.

진식태극권은 초기에는 진씨일족陳氏一族에게만 비밀리에 전수가 되었으나 진씨 14대인 진장홍陳長興 노사老師가 양로선楊露禪에게 진식 태극권을 전수하고 양로선 노사가 중국 대륙에 그 위명威名을 널리 떨치게 되면서 중국 대륙에 태극권이 알려지게 되었습니다.

'양식', '오식', '손식', '무식' 태극권의 명칭은 모두 창시자의 성을 따온 것으로, 양식태극권楊式太極拳은 양로선 노사의 성을 붙여 이름을 지었으며, 무식태극권武式太極拳은 무우양武禹襄 노사, 오식태극권吳式太極拳은 오감천吳鑒泉 노사, 손식태극권孫式太極拳은 손록당孫綠堂 노사의 성을 붙여 이름을 지었습니다.

2) 태극권 수련의 목적

태극권은 상대를 제압하는 데 특화된 중국의 무술이며 형의권, 팔괘장과 함께 내가삼권內家三拳 중 하나로 불립니다. 그러나 요즘은 무술로서의 의미보다는 양생을 위한 운동으로 더 명성이 높습니다. 그 이유는 태극권 수련을 위한 인체의 요구 사항이 몸의 건강에 도움이 되기 때문입니다.

태극권은 지지근의 단련을 통해 중력에 저항하는 신체의 힘을 강화하는 것이 전제입니다. 지지근의 단련은 인체의 균형을 유지하는 인체 구조를 바르게 정렬하도록 만드는데, 이것은 인체의 텐세그리티 구조체로서 그 기능을 잘 수행하도록 만들어 줍니다. 따라서 태극권은 현재의 건강에 좋은 영향을 가져올 수 있으며, 질병을 예방하는 효과도 기대할 수 있습니다.

또한 오랜 전통을 가진 동양의 이 기예는 바른 자세를 유지하는 인체 구조의 바른 정렬을 통해 혈액의 순환을 원활하게 하며, 생명력을 강화해 기예를 한층 더 높은 경지로 승화시켜 줄 뿐 아니라 궁극적으로 수명을 연장하는 효과까지 가져왔습니다. 이런 장점에 의해서 최근에는 서양에서도 동양의 기공이나 태극권 등을 수련하는 모습을 쉽게 볼 수 있습니다. 이것이 오늘날 태극권을 수련하는 목적이며 세계인들에게 사랑받는 운동 중 하나인 이유입니다.

3) 태극권의 문제점

전세계적으로 사랑받으며 많은 사람들이 하고 있는 태극권을 수련하는 것에도 문제점은 있습니다. 대표적인 하나가 바로 수련의 어려움입니다.

현재 태극권 수업에는 '왜why'와 '어떻게how'가 없습니다. 지도하는 사람은 질문받기를 불편해하고, 배우는 사람들은 질문하기를 어려워합니다. 태극권의 기격技擊적인 측면을 주요하게 생각하는 수련인들 중 일부는 그저 무협소설의 환상을 갖고, 동작을 배워 막연히 반복해서 연습하면 갑자기 고수가 될 거라는 헛된 기대를 품고 연습에 몰두합니다. 우연히 기격과 관련한 작은 발견을 하나라도 하면, 대단한 성취라도 얻은 것처럼 떠들어 대도 이것을 증명할 방법이 없습니다.

기격뿐 아니라 건강과 관련된 경우도 마찬가지입니다. 태극권은 한때 많은 의사들과 명사들이 건강을 위해 추천하는 종목이었지만 지금은 그 위상이 예전 같지는 않습니다. 대부분의 사람들은 태극권 수련이 구체적으로 무엇 때문에 건강에 좋으며 태극권의 수련 방식과 요가나 기공 수련 방식과의 차이에 대해 뚜렷하게 인식하지 못합니다. 그냥 남들이 좋다고 하니까 좋은 것인줄 아는 것이고 기공체조와 동작이 달라서 구분을 하는 정도이며, 남들이 태극권을 움직이는 참선이라고 표현하니까 그런가 보다 하고 생각합니다.

이 모든 것은 전통을 계승한다는 미명하에 발전을 거부하고 옛것을 쫓아 현대를 거부하기 때문입니다. 도대체 '입신중정立身中正'에서 '중정'은 무엇을 이야기하는 것이며, 배우는 입장에서 무엇으로 검증이 가능한지 가르쳐 주지 않습니다. 무협영화에서처럼 그냥 믿고 따르기만을 강요합니다.

태극권 수련은 무척이나 난해하고 어렵습니다. 자신이 배운 노사의 가르침을 믿고 따르는 것도 힘든데 배운 대로 열심히 수련한 결과가 무릎과 척추의 부상이라면 그 얼마나 억울하겠습니까? 그렇다고 태권도의 품새와 같이 모든 태극권의 투로가 같다면 비교할 수도 있겠지만 배운 스승에 따라 투로의 형태가 천차만별이니 이것을 구분할 방도가 없습니다.

4) B·T 태극권이란?

정말 태극권은 양생 방면으로 탁월하며 건강에 좋은 운동인가?

필자가 태극권 수련에 지쳐 위의 질문과 같은 의구심이 들었을 때 국내외의 관련 자료와 서적을 찾기 위해 사이트를 검색하고 각종 세미나에 참석을 했지만 국내나 해외 사정은 크게 다르지 않았습니다. 여의치 않은 형편에 중국 유학을 감행했지만 노사의 공력만 확인할 뿐 필자의 수련에는 큰 도움이 되지 못했습니다.

좋아하는 태극권의 국내보급을 위해 남들과 같은 전통 방식으로 교육을 했지만 자신이 납득하지 못하는 것을 타인에게 이야기한다는 사실에 죄책감마저 들었습니다.

이런 절박한 상황에서 바이오텐세그리티Bio-Tensegrity 이론과의 만남은 안개 속에 갇혀 한 치 앞도 가늠할 수 없던 상황에서 한줄기 햇살이 비추어 사방이 온통 밝아지는 느낌이었습니다.

필자는 바이오텐세그리티 이론과의 만남을 필연이라고 생각합니다.

태극권의 중요한 요결들이 결국 인체 구조의 바른 정렬에 있다는 확신이 서면서 그동안 막연했던 모든 문제들이 해결이 되었으며 태극권은 동양의 지혜가 집약된 운동 체계이며, 건강을 위한 최선의 운동 방법이라는 것을 확신하게 되었습니다. 필자는 바이오텐세그리티의 입장에서 태극권 이론을 재해석, 인체의 움직이는 구조에 포커스를 두고 '태극권 원래의 모습을 구현하는 태극권'이라는 의미에서 'B·T 태극권Body Tensegrity TaiChi'라고 명명하고 전통 태극권 이론을 재확립하고 수련 체계를 보완했습니다.

B·T 태극권의 목적은 새로운 태극권을 추구하는 것이 아닙니다.

전통 태극권의 요결과 이론을 현대사회에 맞게 재해석해 태극권 양생적 측면을 부각하고 태극권을 수련함에 있어서 정확한 지침을 수립하는 것입니다.

B·T 태극권의 이론 및 수련 체계는 아직도 진행 중입니다. 만약 바이오텐세그리티 이론보다 태극권을 더 잘 설명할 수 있고 수련에 지침이 될 이론이 있다면 적극적으로 수용할 것이며 자기가 가진 것을 놓치지 않기 위해 편협한 마음으로 접근하는 것을 과감히 배제하겠습니다.

B·T 태극권은 전통 태극권의 목적을 계승하되 현대인들이 이론을 접함에 있어 과학적 접근을 도모하고 잘못된 해석이 이루어지지 않도록 연구, 발전시키는 것을 목표로 태극권의 대중화에 힘을 쏟겠습니다. 다음은 태극권의 이론을 앞서 설명한 다양한 이론과 과학적 근거를 바탕으로 재해석한 것입니다.

2. B·T 태극권 입장에서 바라본 태극권의 효과

 무협지에는 '금강불괴金剛不壞'라는 말이 나옵니다. 주먹이나 발길질뿐 아니라 도검이나 창 등의 무기로도 상처를 낼 수 없는 단련된 신체를 표현하는 말인데, 무협을 좋아했던 세대라면 모두 자신의 몸을 금강불괴의 몸으로 단련하기 위해 열심히 근육을 단련했던 기억이 있을 것입니다. 필자 역시 중국 무술을 접한 이후로 매일 상당한 시간을 근육 단련 및 여러 가지 운동에 매진했습니다. 그러나 근육이 단련되어 손가락으로 찔러도 들어가지 않을 정도의 튼튼한 몸이 될수록 어떻게 된 일인지 온몸은 극심한 통증에 시달릴 뿐 금강불괴의 몸으로 환골탈태하지 않았습니다. 오히려 너무 심한 통증으로 오랜 기간 치료를 받았던 기억이 납니다. 들리는 풍문으로는 근육 운동을 전문으로 하는 사람들은 운동 후의 통증 때문에 주기적으로 마사지를 받아야 한다고 합니다.

 필자의 경험에 비추어 보아도 몸에 좋은 근육은 유연해서 체액이 잘 흐르는 상태를 말합니다. 일반적으로 근육이 딱딱하게 굳어진 상태는 탄력이 없으며 그로 인해 근육이 짧아지고 굳어진 채로 고정됩니다. 이로 인해 관절의 가동 범위가 좁아져 운동 시 근육과 인대 건(힘줄) 등에 손상이 생기기 쉬우며 근육에 노폐물이 쌓여 내압이 높아져 근막 역시 긴장된 상태가 됩니다. 근육이 굳어지면 혈관이 눌리고 꺾여서 혈액의 순환이 원활히 이루어지지 않아 영양소와 산소의 공급도 원활히 이루어지지 못할 뿐 아니라 노폐물과 피로물질의 배출 역시 원활히 이루어지지 못해 노화가 빨리 진행되게 됩니다.

근막이 이완되어야 근육의 기능은 회복될 수 있습니다. 근육뿐 아니라 관절 역시 유연하게 유지되어야 합니다. 관절이 유연해야 관절로의 혈액순환이 좋아지고 관절의 운동 범위 역시 넓어지게 됩니다. 특히 척추와 골반의 유연성이 증가해 운동범위가 넓어지면 횡격막橫膈膜의 운동이 증가되어 호흡이 원활해져서 산소의 공급이 원활해지고 이로 인해 뇌의 활동능력이 좋아지게 됩니다. 그리고 인체 구성 요소들의 균형이 이루어져야 골격의 변형을 예방하고 치료할 수 있으며 내장 기관을 제자리에 위치할 수 있습니다.

태극권은 근육과 관절의 유연함을 유지하도록 중강도의 지속적인 움직임을 강조합니다. 관절이나 근육은 조금만 움직이지 않아도 빠른 속도로 경화되며 그 상태가 지속되면 아주 쉽게 퇴화가 이루어지는데 태극권은 바로 이런 퇴화를 예방하고 노화를 늦추는 역할을 하는 것입니다.

태극권은 쓸데없는 힘을 사용하지 않고 자연스럽게 몸이 지구중력에 저항하는 힘을 이용해 전신의 관절을 움직이는 것입니다. 태극권은 수련 중에 숨이 거칠어지거나 운동 후 강한 피로감을 느끼지 않습니다. 그러므로 태극권은 평생 꾸준히 지속할 수 있으며 생활에 필요한 안정적인 근육과 지구력을 갖추게 도와주어 중장년 이후의 건강을 지킬 수 있도록 해 줍니다.

태극권의 외형적 특징은 중강도 운동으로서 타원의 형태로 느리게 움직이는 동작들로 구성되어 있는 것입니다. 인체를 구성하는 요소들에 긍정적인 작용(관절의 운동, 혈액순환, 장기의 보호 등)을 해서 에너지를 생성하고 인체의 원기를 북돋워 건강을 유지해 주는 훌륭한 운동인 태극권의 효과에 대해서 조금 더 자세히 알아보겠습니다.

1) 몸의 효과적인 긴장과 이완

> "그리스 문명이 붕괴한 후 르네상스에 이르기까지 '마음'이 우리의 주인이며 '몸'은 하인이라는 관념이 지배적이었다. 신체활동과 동떨어진 정적인 정신활동이 중시된 것이다. 하지만 잊지 말자, 사람은 몸이 먼저, 혹은 몸과 마음이 함께 발달해왔다는 것을…."
>
> — 시바타 히로시, 『고기 먹는 사람이 오래 산다』 중에서

이원론적인 관념을 가진 서양과 달리 동양에서는 몸과 마음을 별개로 생각하지 않았습니다. 서양의학이 두뇌에 의해 몸이 통제되고 있다고 생각한 것과 달리, 동양의학은 인간의 감정을 장기와 연관지어 생각했습니다. 우리의 언어 구조 속에는 슬픈 감정이 일어날 때 마음(심장)이 아프다고 하지 머리가 슬프다고 하지 않습니다. 정신精神이라는 단어도 사실은 몸과 마음을 합성한 단어라고 합니다.

태극권의 요결要訣 중엔 '용의불용력用意不用力'이라는 말이 있습니

다. 일종의 이미지 트레이닝으로 움직임의 목적을 이미지화해서 불필요한 신체의 움직임을 줄이고 효과를 극대화하기 위한 방법으로 몸과 마음의 일원화를 바탕에 둔 용어입니다.

"우리는 매우 단순한 동작에서조차 필요 이상의 힘을 쓰곤 한다."

— 조 시어비, 『알렉산더 테크닉』 중에서

우리는 자신의 몸을 효과적으로 제어하기 위해 긴장과 이완의 균형을 익혀야 합니다. 그리고 긴장과 이완의 균형을 위해서는 의식을 사용해 몸을 통제하는 법이 선행되어야 합니다. 우리는 인생 전반에 축적된 생활 습관 때문에 자신의 의지와 무관하게 몸을 사용하고 있습니다. 예를 들어 일상생활에서 잘못 만들어진 동작 습관에 의해 척추의 변형이 생기고 그로 인한 신체에 기능상의 문제가 생기기도 합니다.

인체에서 만들어지는 모든 움직임은 사실 긴장과 이완이라는 두 가지의 서로 다른 개념이 조화를 이루지 않으면 성립되지 않습니다. 예를 들어 인간이 바르게 서기 위해서는 중력에 반해 신체를 늘리는 긴장과 신전伸展작업을 해야만 합니다. 그러나 만약에 한없이 신전하는 작업만을 수행한다면 우리의 몸은 신체의 가동 범위를 초과하게 되어 심각한 부상을 당하게 될 것입니다. 이를 방지하기 위해 우리의 몸은 무의식인 자율신경계의 작용에 의해 긴장하고 이완하는 통제 장치를 가동하게 됩니다. 즉 강한 힘을 낸다는 것은 그 힘을 효율적으로 조절하는 힘이 동시에 존재한다는 것입니다.

효과적으로 동작을 수행하기 위해 태극권에서는 방송放鬆[28]이라는 단어를 사용합니다. 몸의 긴장과 스트레스를 효과적으로 이완하기 위한 것이 목적인 방송은 단지 운동이나 마사지 등을 통해 신체를 이완하는 것이 아닌, 신체정렬을 이용한 긴장과 이완의 조화를 이루어 정신적인 긴장을 해소할 뿐 아니라, 일상생활에 구현되는 자연스러운 이완을 이루게 합니다.

그렇다고 방송이 단지 온몸에서 힘을 빼는, 무기력한 상태를 이야기하는 것은 아닙니다. 적절한 이완은 우리가 의식하지 못하는 효과적인 움직임을 만들어 내는 데 필수적인, 균형과 통제를 만들어 냅니다. 방송 이외에도 태극권에는 많은 요결要訣들을 사용해, 단순한 훈련에 의한 기능의 향상이 아닌 의념에 의한 긴장과 이완의 조화를 만들어 냅니다. 이렇게 만들어진 바른 자세는 힘을 이용한 기격技擊 방면의 효과와 더불어 양생의 효과를 거두는, 두 마리 토끼를 잡는 고급 기예로 발전했습니다.

"우리가 긴장을 풀었다거나 온몸을 폈다고 생각했을 때, 사실 그 반대로 하고 있는 것인지도 모르기 때문이다."

― 조 시어비, 『알렉산더 테크닉』 중에서

태극권을 한마디로 정의하면 "음양상제陰陽相濟의 이론을 이용한 중국 무술의 일종이다."라고 할 수 있습니다. 음양상제는 동양의 고

---

28) 방송放鬆: '이완'이라는 뜻의 중국어.

대 철학의 근원 중 하나로 상반된 두 개의 개념이 서로 도와주고 또 서로 제약하며 균형을 유지하는 작업을 해 나가는 것이라고 이해해도 됩니다. 원운동을 예로 들어 보면 일정한 형태의 원을 유지하기 위해서는 밖으로 팽창해 나가려는 원심력과 그리고 원심력과 반대 방향인 중심을 향하는 구심력의 균형에 의해서 이루어지게 됩니다. 크게는 우주의 움직임이 그리고 작게는 우리의 생활 속에서 이와 같은 대립통일의 규칙을 이루어 유지되고 있습니다.

인체의 효율적인 움직임을 위해서는 긴장과 이완이라는 두 가지의 상반된 개념이 균형을 이루어야 합니다. 일반적으로 태극권 수련 시에는 긴장보다는 이완을, 강함보다는 부드러움을 강조하지만 그것이 강함이나 긴장이 불필요한 개념이기 때문은 아닙니다. 음양상제는 다양한 가능성을 포함한 상호 대립되는 두 개념의 균형을 이야기하는 것이지 어느 한 개념을 우위에 두는 사상이 아닙니다.

태극권을 수련하는 대부분의 사람들은 근육의 긴장을 좋지 않은 개념으로 보고 있지만 실제 근육의 긴장이 없다면 인체를 움직이는 행위 자체가 불가능해 선상이라는 측면뿐 아니라 생활에서도 많은 부작용이 초래되게 될 것입니다. 다만 태극권 수련 시 이완이 더 강요되는 이유는, 사람들이 움직일 때 긴장과 이완 동작 중 긴장의 비율이 월등히 높기 때문입니다. 실제 사람들의 움직임을 보면 불필요할 정도로 긴장이 되어 있는 것을 발견할 수 있습니다. 문제는 긴장이 아니라 불균형입니다. 균형이 무너진 과도한 근육의 긴장은 자세와 움직임에 대해 왜곡을 초래하기 때문입니다.

아무리 기술이 고도로 발달해서 인간과 흡사한 로봇을 만들 수 있다고 해도, 인간처럼 유연하며 자유자재로 움직이는 로봇을 만들지는 못할 것입니다. 그것은 인간의 근육과 골격이 신축성을 가지며, 긴장과 이완의 조화를 이룰 수 있기 때문일 것입니다. 다만 유연한 움직임이 가능하다는 장점이 오히려 잘못된 각도와 불필요한 근육의 사용 그리고 균형을 잃은 긴장 상태에서의 움직임 역시 가능하게 해서 기능적인 손상과 병의 원인으로 이어지는 원인이 되기도 합니다.

태극권에서는 올바른 이완은 긴장과의 균형을 말하는 것이며 몸을 무기력한 상태로 만드는 이완이 아닙니다. 그리고 올바른 이완을 위해서는 몸을 유지하는 지지근의 감각 획득이 선행되어야 합니다. 사람은 직립보행을 하면서 지구 중력에 저항하며 생명 유지를 위한 적합한 형태로 진화했으며 이 형태를 유지하기 위해 발달된 것이 지지근입니다. 그리고 그와 반대로 신체의 움직임을 만들어 내기 위한 근육이 동작근입니다. 현대인들을 괴롭히는 만성피로와 많은 질병들은 지지근을 효율적으로 사용하지 못하는 데서 비롯되는 경우가 많습니다.

사람은 동작근을 사용하는 것을 긴장으로 인식하고 동작근을 사용하지 않는 것을 이완으로 인식하며 일반적으로 이완을 하라고 시키면 동작근의 불필요한 긴장을 해방하는 정도로만 생각하기 쉽습니다. 이런 생각은 몸을 바르게 세우기 위해 동작근의 긴장을 사용하고 이완할 때는 몸을 무기력하게 무너뜨리는 동작을 반복적으로 하게 됩니다. 동작근을 사용해 자세를 유지하게 되면 근육에 과도한 긴장이 발생해서 섬세한 동작이 불가능하게 됩니다. 인간은 동작근만을 사용해서는 두 가지 상반된 동작, 예를 들어 중량의 부담을 지지하면서 동시에 세밀한 작업을 수행하는 것이 어렵습니다. 그러나 중량물의 부담을 지지근이 부담하고 기타 움직임을 동작근이 수행한다면 역할이 분담되어 섬세한 작업의 수행이 가능하게 됩니다. 또한 지지근에는 섬세한 동작을 수행하기 위한 신경센서인 근방추가 동작근에 비해 훨씬 많은 양이 분포되어 있어서 지지근을 사용하는 움직임이 숙련될수록 섬세한 작업을 할 수 있게 됩니다. 그래서 건강뿐만 아니라 고급 기예를 수행하기 위해서는 지지근의 단련이 선행되어야 합니다. 인간은 특수한 단련을 거치지 않으면 지지근을 인식하지 못합니다.

> "항중력근은 중력이 존재하는 환경에서만 유지되고 발달하는 성질을 가진 근육이다. 그래서 항중력근은 우주라는 무중력 공간에서는 빠르게 퇴화한다."
>
> — 마쓰오 다카시, 『평생 걸을 수 있는 엉덩이 건강법』 중에서

태극권은 지면에 반작용하는 힘[29]을 상대방에게 전달해 제압하는 기술 체계를 발전시킨 무술의 일종으로, 이러한 점은 태극권 수련이 지지근을 단련하고 사용하게 하는 가장 효과적인 운동임을 말해 줍니다.

태극권 수련 시, 지지근을 단련하기 위해서 몸에 중력이라는 부하를 가하는 것이 중요한데 이를 위해서는 지면에 발을 디디고 자신의

---

29) 지면반력地面反力: 지면에 힘을 가했을 때의 반작용력. 모든 물체는 중력을 받기 때문에 운동 법칙에 따라 동등한 크기의 힘이 지면에서 물체에 작용하게 된다.(출처: 다음사전)

체중을 이용하는 동작을 수행합니다. 중력을 통한 운동이 지지근 단련에 좋은 이유는 우주비행사가 우주비행 후, 지구로 돌아오면 뼈와 근육이 약해져 있는 것에서 확인이 가능합니다. 우주 공간에서는 우주비행사의 몸에 중력이 가해지지 않기 때문에 근육과 뼈가 제 기능을 못해서 근육이 약해지고 뼈 속의 칼슘이 빠져 뼈가 약해집니다.[30]

지지근의 약화는 우주공간뿐 아니라 지구에서도 일어날 수 있습니다. 골절 등의 요인으로 침대에 오래 누워 있었거나 사무직이나 운전기사처럼 장시간 앉아 있는 사람들도 지지근이 약해지기 쉽습니다. 모두 지지근을 사용하지 않아서 생기는 현상입니다.

특정 분야의 운동선수 중에도 지지근이 약해지는 경우가 있습니다. 수영을 하는 사람들은 부력의 영향으로 몸에 부과되는 체중이 감소되어 뼈나 지지근이 약해질 수 있으며 요즘 유행하는 자전거 타기나 중량운동도 의외로 지지근(항중력근)이 약해질 수 있는 운동입니다. 그 이유는 자전거를 타거나 많은 중량을 들 경우에는 지지근보다는 동작근을 사용하기 때문에 장시간 자전거를 타는 사람이나 중량 운동을 하는 사람은 지지근 강화를 위한 운동을 병행해야 합니다.

동작근은 인체의 외부에 가깝게 위치해 근육의 변화를 눈으로 확인하기 쉽지만 지지근은 인체의 내부에 있어서 근육의 상태가 눈으로 파악되지 않습니다. 혹시 평소에 걷는 속도나 균형감각, 그리고 자세의 변형 등을 관찰했을 때 그 기능이 현저히 떨어진 것을 발견

---

30) 아보 도오루, 『알기 쉬운 체온 면역학』, 김기현 옮김, 중앙생활사(2011).

하면 지지근의 약화를 의심해 보아야 합니다. 근육 이외에 뼈 건강을 위해서도 중력을 이용한 운동은 반드시 필요합니다.

그리고 세간에서 말하는 것처럼 우유나 칼슘 제품을 섭취한다고 뼈가 튼튼해지는 것이 아닙니다. 뼈를 강화시키기 위해서는 칼슘이 많다고 알려진 음식의 섭취보다 햇볕을 충분히 받아 몸에 비타민 D가 충분히 합성되도록 하고 뼈에 중력을 가하는 운동이 선행되어야 할 것입니다. 뼈에 수직 방향으로 중력을 작용시키지 않으면 뼈는 체중을 지탱해야 할 필요를 느끼지 못하기 때문에 결국은 칼슘 성분이 뼈에 흡수되지 못하고 배설되어 버리기 때문에 아무리 우유나 멸치를 많이 먹고 마셔도 운동을 하지 않으면 뼈는 강화되지 않습니다.[31]

따라서 지지근의 효과적인 단련을 위해서는 중량물을 들어 올리는 운동보다 자신의 체중을 이용하는 운동이 좋으며 이런 이유로 태극권은 지지근을 단련하기 위한 최선의 운동이라고 할 수 있습니다.

올바른 이완을 위해서는 먼저 지지근의 감각인식과 올바른 활용이 선행되어야 하며 그다음, 동작근과 지지근의 이완과 긴장의 균형을 이루는 방법을 습득해야 합니다. 태극권에서 요구하는 이완에는 이러한 동작근과 지지근의 긴장과 이완의 내용이 포함되어 있는 것입니다.

태극권은 몸의 적절한 이완을 유도해 몸의 불필요한 근육의 긴장과 부적절한 움직임을 차단하고 궁극적으로는 우리의 몸이 평소에도 의식적인 긴장 없이 자연스럽고 올바른 방식으로 바른 자세를 유

---

31) 시바타 히로시, 『고기 먹는 사람이 오래 산다』, 이소영 옮김, 중앙북스(2014).

지하고 자유로운 신체의 균형을 얻으며 육체적인 건강과 정신적인 평화를 얻을 수 있도록 합니다.

2) 바른 자세 만들기

"바른 자세가 운동의 첫 걸음이다."

— 사이토 마사시, 『체온 1도가 내 몸을 살린다』 중에서

필자가 태극권을 지도하면서 틀어진 자세를 교정해 주고 나서 인체 구조가 정렬이 된 상태라고 말해 주면 의아해하며 몸이 많이 틀어진 느낌이 든다고 호소하는 분들이 많습니다. 이런 분들은 쉽게 원래의 틀어진 자세로 돌아가 버리기 때문에 몇 번이나 다시 교정을 받아야 합니다. 영상이나 교재를 보면서 태극권을 배우는 것이 어려운 이유도 이런 부분들로, 자신의 습관에 기인한 감각이 바른 자세의 인식을 방해하기 때문에 스스로는 바른 자세를 습득하지 못해 운동을 통한 바른 효과를 기대하기 어렵기 때문입니다.

틀어진 자세는 근육과 관절을 손상하는 원인이 되어 고질적인 질환들을 만들어 내게 됩니다. 하지만 태극권 수련 초기에 스스로 바른 자세를 찾아내기는 어렵습니다. 반드시 좋은 선생님께 기초를 닦아야 수련에 의한 부작용을 겪지 않을 수 있습니다. 바른 자세는 건강을 위한 시작이라는 것을 기억하시기 바랍니다.

태극권을 수련하는 많은 사람들의 수련 항목에 참장공站椿功이라는 수련법이 있습니다. 참장공이란 양발을 어깨너비 정도의 폭으로 벌리고 서서 무릎을 굽혀서 무게 중심을 아래로 약간 떨어뜨리고 양팔을 큰 나무를 끌어 앉은 모양으로 뻗어 그 자세를 일정 시간 유지하며 서 있는 수련 방법입니다. 참장공은 대성권大成拳을 창시한 왕향재王薌齋에 의해 널리 보급되었으며 그 뛰어난 효과에 의해서 현재는 문파를 초월해 수련하고 있습니다.

참장공

단지 우두커니 서 있기만 하는 참장공이라는 수련법이 운동이 될까 하는 생각이 들겠지만 참장공은 기격技擊과 양생養生 방면에 탁월한 효과가 있습니다. 실제 참장공의 자세를 유지하기 위해서는 척추와 다리 그리고 어깨 등이 중력에 저항해 끊임없는 내부의 움직임이 있어야 하며 그렇지 않으면 자세를 유지할 수 없게 됩니다. 그래서 참장공은 움직이지 않으면서 수련하는 정공靜功이지만 동공動功으로 분류되기도 합니다.

이미 인체 구조의 정렬의 중요성에 대해 여러 차례 이야기했지만 참장공에서도 인체 구조의 정렬은 필수입니다.

첫 번째는 양 발이 11 자를 이루며 어깨너비로 벌리고 발끝이 정면을 향하게 합니다.

두 번째는 '백회 - 귀 - 어깨 - 고관절 - 발목'이 일직선상에 위치하도록 하며 무릎을 굽힙니다. 조심할 점은, 너무 무릎을 과하게 굽히면 무릎에 부상이 생길 수 있으니 적당히 굽히도록 합니다.

세 번째는 양쪽 엉덩이를 안쪽으로 서로 합하는 느낌으로 힘을 주고 대퇴사두근에 힘을 줍니다. 이것은 골반을 전방으로 뒤집고 꼬리뼈를 약간 뒤쪽을 향하게 합니다.

네 번째는 아랫배를 척추에 붙인다는 느낌으로 당겨 주고 가슴을 가볍게 펴 줍니다.

다섯 번째는 양쪽 어깨가 끈으로 매달려 있다는 느낌으로 팔을 자연스럽게 늘어뜨리고 턱을 당겨 목덜미를 세우고 양쪽 눈은 수평을 유지합니다.

이러한 자세는 인체 구조의 정렬이 바르게 된 상태로 근육과 인대의 적절한 이완을 유도하고 인체 내부의 공간을 확보하며 지지근의 효과적 강화로 이어져 각종 부상의 예방과 순환계의 원활한 작동을 유도합니다.

태극권의 보법은 바른 걸음걸이를 할 수 있도록 도와줍니다.

바르게 걷게 되면 선장관절이 조정되며 하반신에 몰려 있는 혈액

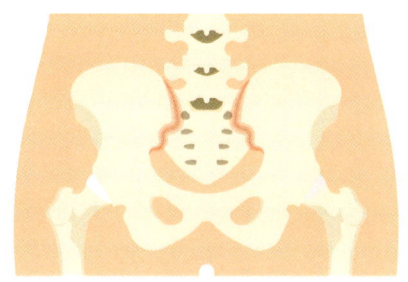
선장관절

을 심장으로 되돌리는 작용이 일어나게 됩니다. 바르게 걷기 위해서는 엉덩이 근육과 장요근의 움직임이 중요하며 이는 참장공 상태에서 요구되는 골반의 위치와 관계가 있습니다.

태극권의 보법(진보)은 다음과 같은 요구 사항이 있습니다.

첫 번째 요구는 발이 땅에 닿을 때 반드시 뒤꿈치가 먼저 땅에 착지해야 하는데 가급적이면 뒤꿈치의 내측이 먼저 땅에 닿는다는 의식을 갖습니다.

두 번째는 내디딘 발이 지면에 닿는 순서인데, 먼저 엄지발가락 쪽의 모지구가 땅에 닿고 다음은 엄지발가락이 그리고 새끼발가락의 소지구와 새끼발가락까지 순서대로 땅에 닿으며 무릎은 그에 의해 외측으로 선전합니다.

이상과 같은 순서로 땅을 디디면 발에 걸리는 하중이 골고루 분산되기 때문에 발 근육의 밸런스가 유지되어 발의 손상을 막아 줍니다. 이때의 상반신 요구 사항은 바르게 서는 자세와 같이, 가슴을 펴고 배를 척추에 붙이는 자세를 유지합니다.

보행에서 발은 꼭 필요합니다. 사람의 발은 스물여섯 개의 뼈와 서

른세 개의 관절 그리고 수많은 근육과 그들을 이어 주는 인대와 건으로 구성되어 있습니다. 만약에 인간이 걷는 동작을 더 이상 하지 않게 되면 발에 있는 근육과 인대 등이 약해져서 족궁足弓을 지지하는 근육의 약화를 초래하고 또한 발바닥의 지방층이 얇아져 족저足底에 있는 근막에 무리가 가해지게 되는데 이것은 족저근막염의 원인이 되어 보행이 어려워지는 원인이 되기도 합니다.

인간이 바르게 서기 위해서는 발바닥에 있는 발꿈치와 모지구 그리고 소지구의 세 점이 균형을 유지해야 하는데 이 세 점 중 한 곳이라도 손상이 일어나면 인체는 균형을 잃게 됩니다.

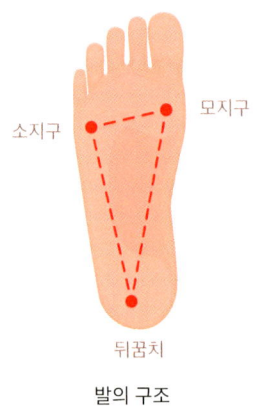

발의 구조

발바닥에 작은 물집만 생겨도 몸 전체의 균형이 깨져 허리나 어깨 등의 부위에 문제가 생기는 경험이 있을 것입니다. 발바닥의 근육이 굳거나 통증 등의 원인으로 기능 저하가 일어나면 발바닥에서 담당하던 운동 정보를 수행하지 못해 균형을 유지하는 동작을 골반이 담당하게 되는데 이는 골반의 균형을 무너뜨리는 결과를 초래해 몸 전체의 균형을 무너뜨리는 이유가 되기도 합니다.

반대로 발바닥의 근육을 풀어 주고 발가락을 하나하나 마사지해서 발가락의 기능을 활성화시켜 주면 하지의 근육 전체가 교정되는 효과가 생기게 되는데. 고미 마사요시는 그의 저서 '골반 조정 건강법'에서 발가락의 긴장을 풀어 주는 것만으로 선장관절이 교정되어 좌골신경통이 낫는 경우도 많다고 이야기 합니다.

모든 운동 종목에는 기능을 최대한 발휘할 수 있는 복장을 착용합니다. 태극권의 경우에는 실크로 만든 전통 수련복을 착용하기도 하지만 기본적으로는 몸에 엉기지 않는 신축성 좋고, 품이 넉넉한 복장이면 무난하다고 생각합니다.

필자는 태극권 수련 시 복장보다는 신발의 선택이 더 중요하다고 생각합니다. 신발은 첫째 발을 건강하게 유지하는 데 매우 중요한 역할을 합니다. 잘못된 신발을 선택한 것이 원인이 되어 자신도 모르는 사이에 관절과 인대의 손상을 입기도 합니다. 두 번째는 신체정렬을 위해 매우 중요한 역할을 합니다. 좋은 신발은 볼이 넓어 발가락을 조이지 않고 굽이 없으며 바닥이 얇고 부드러워서 지면 감촉이 발에 전달되는 신발입니다. 발가락을 조이는 작은 신발은 발가락을 압박해 발에 혈액 공급을 차단하고 장기적으로 발가락 신경의 손상을 가져오게 되며 굽이 있는 신발은 신체정렬에 방해 요인이 됩니다.

오래전 중국에서 우슈武術를 배울 때 친하게 지내던 코치에게 발바닥의 충격을 덜 주려면 바닥이 두꺼워야 좋을 것 같은데 선수들이 바닥이 얇은 신발을 신는 이유에 대해 물어본 적이 있었습니다. 코치는 도약 후 착지할 때 발목이 접질리는 것을 방지하기 위해 바닥이 얇은 신발을 신는다고 대답해 주었는데, 발목이 접질리는 것은 착지 시 발목의 정렬이 깨진 것이 원인이 되어 발생하는 것입니다. 실제 '프리햅 운동'을 만든 '보우먼'은 인체의 바른 정렬을 위해 최대한 굽이 없는 신발을 신기를 권했습니다. 하이힐을 신은 여성의 신체 정렬이 모조리 깨져 있는 것과 같이, 정도의 차이는 있겠지만 굽이 있는 신발은 신체의 자세를 깨뜨리는 원인이 되기도 합니다.

태극권 수련은 잘못된 동작으로 인해 인체 구조의 정렬이 무너지는 것을 인지할 수 있도록 수련 과정에서 지속적으로 자세의 교정이 이루어집니다. 따라서 일상생활 속에서도 인체 구조의 바른 정렬 상태를 인식해 바른 자세를 유지하도록 도와줍니다.

3) 상실하허上實下虛에서 하실상허下實上虛로

"사무직 종사자를 제외하고 일반적으로 하반신에서 상반신으로 기능적인 문제가 파생된다."

— 이토 카즈마, 『턱만 당겨도 통증이 사라진다』 중에서

양생학이나 한의학에서는 현대인들의 몸 상태를 칭하는 말로 '상

실하허上實下虛'라는 단어를 자주 사용합니다. 운동 부족으로 인해 튼튼해야 할 엉덩이와 다리의 근육은 약해지고 반대로 부드러워야 할 어깨나 목덜미는 단단하게 경직되어 순환이 되지 않는, 건강하지 못한 상태를 말하는 것으로 한의학적인 용어로는 '수승화강水昇火降'의 작업이 몸에서 이루어지지 않는 상태를 일컫습니다.

마키 다카코는 그의 저서 '건강하게 오래 살려면 종아리를 주물러라'에서 이시카와 요이치 박사의 말을 인용하며 종아리 근육은 제2의 심장으로 심장 활동을 조절하고 있는 고도의 기관으로, 인간은 건강한 종아리 없이는 혈액순환을 정상으로 유지할 수 없다고 이야기합니다. 실제로 인간은 동물과 다르게 직립보행을 하므로 하체로 내려간 혈액을 심장으로 되돌려 보내는 데 따르는 어려움을 해결하기 위해 종아리 근육이 동물과는 다른 형태로 진화되어 있습니다.

이런 이유로 종아리를 포함한 다리의 근육이 쇠퇴해 약해지면 심장에 부담이 초래되고 다리나 손의 말단까지 혈행血行[32]이 원활하게 이루어지지 않게 되어 손발이 차가워지고 손발로 순환되지 못한 혈액이 상체에 머물게 되어 머리를 포함한 상반신에 정체된 혈액의 양이 많아져 뇌경색이나 심근경색 등의 병을 일으키는 원인이 됩니다.[33]

동양의학에서 하체의 근육 약화를 고혈압의 원인 중 하나로 보는 이유이기도 합니다. 건강의 기본은 혈액이 전신의 모세혈관까지 잘 흘러 들어가 손발은 따뜻해지고 머리는 청량한 상태를 유지하는 '두

---

32) 혈행血行: 피의 순환.
33) 이시하라 유미, 『평생 살 안 찌게 먹는 법』, 이근아 옮김, 이아소(2009).

한족열頭寒足熱'의 상태이며 이를 위해서는 다리의 근육양을 늘려 자신의 몸을 '하실상허下實上虛'로 만드는 것이 선행되어야 합니다.

일반적으로 태극권은 상실하허上實下虛의 병폐를 개선하는 최고의 운동으로 알려져 있습니다. 태극권에서 요구하는 움직임은 상체의 근육을 이완해 극도로 부드러운 움직임을 수행하며 하체는 특수한 보법을 이용해서 부상의 위험 없이 자신의 체중을 이용해 하체를 강화하는 시스템으로 구성되어 있습니다.

"노화는 발에서부터 시작된다."라는 말이 있습니다. 건강한 노년의 생활을 위해 태극권을 시작해야 하는 이유입니다.

4) 다이어트 Diet

① 다이어트와 식사량

"너무도 많은 사람들이 자주 다이어트에 실패하는 이유는 간단하다. 인간의 힘으로는 인체의 생물학적 메커니즘과 싸워서 이길 수 없기 때문이다."

— 조나단 베일러, 『칼로리의 거짓말』 중에서

"태극권 수련하면 살이 빠지나요?"

이 질문은 태극권을 지도하면서 자주 받는 질문 중의 하나입니다. 요즘은 예전과 달리 과잉된 영양 공급과 활동량의 부족으로 살이 찐 사람이 많으며 그로 인해 다이어트를 시작하려는 사람들이 많습니다. 그리고 현재 보편화되어 있는 다이어트 방법은 견디기 힘든 엄청난 운동량과 함께 칼로리[34] 계산에 의한 제한된 식품을 섭취하는 식단조절 방식을 병행합니다. 이러한 방법들은 단기적인 효과는 볼 수 있겠지만 장기적으로는 요요현상을 수반하게 되는, 반드시 실패할 수밖에 없는 방법입니다.

인체가 제 기능을 유지하기 위해서는 적절한 영양 공급과 배설 그리고 휴식을 통한 순환시스템이 효과적으로 가동되어야 하는데 이 순환시스템에서 벗어난 방법은 장기적으로는 지속하기가 어렵습니다. 격렬한 운동과 식사량을 극단적으로 줄이는 것은 마치 잠을 자지 않고 버티는 것과 같습니다. 하루 이틀은 가능하겠지만 그 이상 지속하는 것은 생리학적으로 불가능합니다.

특히 요즘은 칼로리에 의한 열량계산법[35]으로 음식을 섭취하는데, 이는 철저히 다이어트 사업이라는 경제 논리가 저변에 깔려 있다고 생각해도 좋을 듯합니다. 칼로리라는 개념을 처음 발표한 사람은 의사인 마이어Mayer란 독일 사람으로 음식물을 불에 태워 발생하는 열량을 계산하는 방식입니다. 그러나 섭취한 음식이 그대로 연소되어 사용된다는 생각은 인체의 생리학적인 기전과는 거리가 먼 개념

---

34) 칼로리Calorie: 1kg의 물을 1℃ 올리는 데 필요한 열량으로서 영양학에서 주로 사용되는 food calorie.(출처: 위키백과)

35) 열량계산법Atwater system: 음식에너지 함량의 측정. 단백질, 탄수화물, 지방과 같은 음식 에너지가 함유된 영양분에서 제공되는 에너지를 합산해서 간접적으로 에너지양을 산출하는 방법.

입니다.

　어떤 사람은 밀가루 빵 하나만 먹고도 무거운 짐을 짊어지고 높은 산꼭대기까지 다녀올 수 있는가 하면 어떤 사람은 산해진미를 먹고도 단지 몇 미터 걷는 것도 힘들어하는 사람도 있습니다. 또 많은 양의 음식을 섭취해도 살이 찌지 않는 사람이 있는가 하면 물만 먹어도 살이 찐다는 사람도 있습니다.

　사람마다 생긴 것이 다르듯이 소화와 흡수 능력도 다를 수밖에 없습니다. 또한 인체에는 필수적으로 필요한 영양소가 있어서 영양의 균형이 맞아야만 건강한 신체를 유지할 수 있습니다. 어떤 영양소는 인체에 아주 소량만 필요하지만 그 소량이 부족하게 되면 인체는 기능 이상이 오기도 하며, 소량만이 필요한 영양소를 과잉섭취 하는 것도 몸에는 좋지 않은 영향을 미치게 됩니다. 적은 양의 음식을 먹더라도 영양이 충분히 공급되는 식사를 하면 몸은 활기차고 기운이 넘치게 됩니다. 사람은 열량이 아니라 영양이 필요한 존재입니다.

　인체는 필요한 영양소 중 하나라도 부족하게 되면 생리적인 기능이 정상적으로 이루어지지 않으며 그 영양소를 보충할 때까지 끝없이 배고픔을 느끼게 됩니다. 가끔 음식을 더 섭취할 수 없을 만큼 포만감을 느끼는데 계속 음식을 섭취하려고 하는 상황을 한 번쯤은 겪어 봤을 것입니다. 음식 중에 내 몸에 필요한 영양성분 중 한 종류가 부족할 때 생기는 현상으로 이때 필요한 영양을 공급해 주면 배고픔이 마술처럼 사라지게 됩니다. 심지어는 갈증이 배고픔으로 느껴지는 경우도 있다고 하는데 우리 몸은 특정 영양소나 수분 등 부족한 것을 요구하는 증상을 모두 배고픔으로 인식합니다.

"신이 만든 것은 어떤 것이든 먹어도 되고, 인간이 만든 것은 항상 조심해야 한다."

— 이승원, 『우리 몸은 거짓말하지 않는다』 중에서

　단식이나 극단적인 식사량 감소로 인해 우리 몸이 필요한 영양분의 결핍이 시작되면 인체는 영양소의 부족을 줄이기 위해 에너지의 소비를 감소시킵니다. 그로 인해 우리의 몸은 피곤함을 느끼고 짜증이 나게 됩니다. 그리고 우리가 식사량을 줄여서 감소되는 체중의 70퍼센트는 체지방이 아니라 근육의 연소에서 비롯되는 것이 의학계에서는 상식으로 통하고 있습니다. 게다가 잦은 단식을 하면 우리의 몸은 위기 사항으로 인식해 기초대사 능력을 떨어뜨려 영양의 소모를 감소시키고 부족한 영양을 비축하기 위해 몸에 지방을 저장하는 능력을 증가시켜, 전보다 더 살이 쉽게 찌는 체질로 바뀌게 됩니다. 그로 인해 갈수록 기운이 나지 않고 늘어지는 만성적인 영양부족에 시달리는 건강하지 못한 몸 상태가 만들어지게 됩니다.

　성공적인 다이어트를 위해서는 극단적인 식사량의 감소보다는 장기적인 안목에서 자신의 몸에 필요한 필수 영양성분이 충분히 공급되는 영양이 풍부한 식품을 적절한 양으로 섭취하는 것이 중요합니다. 여기서 적절한 양이란 위의 70퍼센트 정도만 채우는 정도이며 사람마다 정도가 다르므로 살짝 배가 덜 부른 상태의 식사량을 확인해서 적용하는 것이 좋습니다.

② 다이어트와 운동량

"운동 그 자체는 비만을 치료하는 데 그다지 좋은 효과를 보이지 않는다. 운동으로 인해 늘어난 에너지의 사용은 칼로리 섭취의 증가로 곧장 상쇄되기 때문이다."

— 조나단 베일러, 『칼로리의 거짓말』 중에서

단식이 영양분의 결핍에 의해 장기적으로 지속할 수 없는 것과 마찬가지로, 격렬한 고강도 운동이나 운동량의 급작스러운 증가 역시 장기적인 측면에서 체중 감량의 성과를 기대하기 어렵습니다. 많은 양의 운동은 에너지의 소모가 많으며 비상시에 사용하려 비축해 둔 근육이나 지방을 에너지원으로 사용하게 됩니다. 그리고 이런 상황을 우리의 몸은 비상사태로 인식해 더 많은 지방과 영양을 비축하는 작업을 하며 쉽게 살이 찌는 몸으로 적응합니다. 이와 반대로 몸에 일정한 운동량이 안정적으로 반복되면 우리의 몸은 항상성이 유지되어 더 이상의 지방을 비축할 필요를 느끼지 않게 됩니다.

장기적이고 지속 가능한 방법이 실천되어야 다이어트에 성공할 수 있습니다.

이토 카즈마는 그의 저서 『턱만 당겨도 통증이 사라진다』에서 지방 연소를 위한 적절한 심박수(최대 심박수의 50~60퍼센트)를 유지하면서 20분 이상 운동하는 것이 좋다고 말합니다. 이 말에 근거하면, 체중 감소에 효과적인 운동은 중강도의 운동입니다. 중강도의 운동은 고강도의 운동과 달리 몸에 충격을 가하지 않아 과다한 에너지의 보중이 필요치 않으며 피로를 느끼지 않아 지속이 가능하므로 다이어트에 더욱 효과적입니다.

> "그러니 어떤 다이어트나 운동 프로그램을 시작하기 전에 철학자가 되어 자신에게 물어보라 '내가 이것을 평생 계속할 수 있을까?' 만약 대답이 '그렇다.'라면 당장 실행해도 좋다. 하지만 대답이 '아니다.'라면 애초에 그만두는 게 낫다."
>
> — 조나단 베일러, 『칼로리의 거짓말』 중에서

운동 프로그램에 참여해 단기간 다이어트에 성공한 연예인이나 일반인들 중에서 다이어트에 성공한 후 아주 빠른 시간에 원래의 몸으로 돌아가거나 혹은 원래의 상태보다 체중이 증가하는 요요현상을 겪는 것을 본 적이 있을 겁니다. 보통 단기간에 몸매를 만들기 위한 운동은 신체를 바르게 유지해 주는 지지근이 아니라 동작근을 단련시키는 경우가 많습니다. 당연한 것이 빠른 시간에 몸이 변화하려면 인체의 바깥쪽에 위치하고 부피가 큰 동작근을 단련하는 것이 가시적인 효과를 가져오기 때문입니다. 그러나 바른 자세뿐 아니라 체중 감량을 위해서도 지지근의 단련은 필수입니다.

 지지근 운동은 우리 몸의 기초대사를 향상시켜 체온이 상승해 살이 찌지 않는 체질로 개선합니다. 아울러 단련된 지지근은 일상생활 중에 바른 자세를 위해서 등과 엉덩이 그리고 아랫배에 의식의 집중만으로 바른 자세를 유지하기 위해 해당 부위의 근육이 움직이게 되고 지방이 연소되어 효과적으로 체형을 관리할 수 있습니다.

필자는 아름다운 몸을 갖기 위해 다이어트를 하는 것은 정신적, 육체적인 면을 봤을 때 긍정적인 욕구라고 생각합니다. 다이어트를 결심한 계기가 무엇이든, 불필요한 체지방을 제거하는 것은 건강에 바람직한 일이며 심리적으로도 자신감을 갖게 해 자신의 인생을 행복하게 만들 수 있기 때문입니다. 그러나 앞에서도 이야기했지만 일시적인 체중감량은 오히려 독이 될 수 있으므로 지속적으로 자신의 몸을 관리해야 합니다.

태극권은 중강도 운동으로 건강에 필수인 지지근의 단련은 물론이고 인체의 원활한 영양소의 순환으로 신진대사가 활발해지는, 인간을 살이 잘 찌지 않는 체질로 바꾸어 주는 데 적합한 운동입니다. 그리고 고령자도 손쉽게 따라할 수 있는 동작들로 구성되어 있습니다. 평생을 수련하는 태극권은 건강과 아름다운 몸을 동시에 얻을 수 있습니다.

5) 건강한 노년

"움직이지 않으려다 움직일 수 없게 된다."

― 이토 카즈마, 『턱만 당겨도 통증이 사라진다』 중에서

건강한 노년을 위해서는, 생활을 원활히 영위할 수 있는 신체의 움직임이 필요합니다. 사람은 노화되면서 근육의 긴장과 위축을 피할

수 없습니다. 이런 현상은 거북목이나 새우등과 같이 몸이 굽고 근육의 약화와 관절의 퇴화 등을 발생시킵니다. 이것이 지속되면 젊을 때는 능숙하게 되던 간단한 동작에서도 통증이 발생해 몸을 움직이는 것을 회피하게 됩니다. 통증을 줄여 보려고 마사지 등에 의지하기도 하지만 스트레칭이나 마사지로는 근본적인 치유는 할 수 없습니다. 앞서 설명한 바와 같이 신체는 뼈대, 근육, 피부 등과 함께 내부의 공간을 확보하는 텐세그리티 구조를 유지하는데 스트레칭이나 마사지 등은 잘못되면 신체 내부 공간이나 근육의 긴장, 신체의 형태 변화를 초래할 수 있으며 외부의 동력으로 몸의 순환을 이루는 의존적인 상황의 지속은 신체가 본래 가진 스스로 회복하려는 자가치유 능력을 약화해서 결과적으로 더 움직이기 힘든 몸으로 만들어 가게 됩니다.

노년의 건강을 위해서는 조금 움직이기 힘들고 통증이 있더라도 스스로의 힘으로 움직이려는 자신의 노력이 필요하며 이마에 땀이 배는 정도의 중강도 운동을 하고 더불어 몸이 굽는 것을 예방할 수 있도록 흉곽과 고관절 등을 펴 주는 운동을 병행하는 것이 좋습니다. 이러한 요구에 부합하는 운동이 바로 태극권입니다.

"동양의 요가나 태극권 기공 운동 등은 노인에게 아주 적합한 운동으로 오랫동안 실천되어 왔다. 이 유연성 운동들은 동양 사상에 근거한다. 우주 만물은 음양으로 이루어져 있고 기의 운행과 조화는 건강과 생명 유지의 근원이자 우주 운행의 원리이다. 그러므로 기를 맑게 하고 기의 흐름을 순조롭게 하며, 기의 충만과 쇠함을 적정 수준으로 조절하면 건강을 유지할 수 있다는 것이다. 기공 운동이나 태극권 활 운동은 명상을 통해 정신력을 집중하고, 기의 운행을 조절해 음양의 조화를 도모한다.

  기의 운행을 조절하기 위해서 전신의 관절을 천천히 신장, 굴곡, 회전하면서 최대 관절 가동 범위를 움직이고 5~6초 동안 쉬고 다시 반복한다. 동양의 운동들은 관절의 최대 가동 범위를 유지할 뿐 아니라 인체에 대한 인지도를 높이고 스트레스를 줄이며 균형과 조정력을 증가시킨다. 그 외에도 이 운동은 특별한 시설 없이도 노인 혼자서 실시할 수 있고, 허약한 노인에게도 적합하다."

― 최영희 외, 『노인과 건강』 중에서

3. B·T 태극권에서 바라본 태극권 요결要訣

1) 전통 태극권 요결

　태극권에는 태극권의 수련을 돕고 동작의 수행을 이해하기 쉽게 하는 요결要訣이라는 것이 있습니다.
　이 요결은 태극권 수련 시 행동지침이라고 할 수도 있습니다.
　양가태극권의 3대 전인인 양징보楊澄甫는 그의 태극권연권십요太極拳練拳十要에서 허령정경虛領頂勁, 함흉발배涵胸撥背, 침견추주沈肩墜肘, 송요松腰, 분허실分虛實, 용의불용력用意不用力, 상하상수上下相隨, 내외상합內外相合, 상련부단相連不斷, 동정구정動中求靜 등의 열 가지 사항을 주요 요결로 선정했으며, 그 외에노 신근발골伸筋拔骨, 송개鬆開 등의 많은 요결들이 있습니다.
　상술한 바와 같이 이 요결들은 동작의 이해를 도와서 동작의 수행을 수월하게 해 일련의 효과를 이끌어 내기 위한 것입니다.
　그렇다면 이 요결들을 통해 태극권 통해 얻고 싶은 효과는 무엇일까요?
　태극권의 태동이 자위수단을 찾던 중 발생한 무술이라는 점을 감안한다면, 요결을 통한 동작의 수행은 상대보다 강하고 견고한 신체를 만들어 내기 위한 것이라고 할 수도 있을 것입니다. 그런데 일반적으로 신체를 강하게 하기 위해서는 근육을 단련해 상대보다 강한 힘을 발휘해야 한다고 생각하는 것이 일반적입니다. 건물에 비유하면 대들보 등의 무거운 물체를 지지하기 위해서 튼튼하고 높은 기둥을 세우고, 벽을 빈틈없이 쌓아 올리는 것과 같습니다. 만약 기둥이나 벽체가 약하거나 배치가 치밀하지 못하면 이 건물은 견고하지 못해서 외력에 의해 결국은 붕괴됩니다.

그런데 태극권의 요결 중에는 이러한 개념에서 벗어나 있는 요결들이 있습니다. 허령정경, 함흉발배, 송요, 신근발골, 송개 등의 요결들이 대표적인 것으로 위의 요결들은 모두, 근력을 강화하고 인체 구조의 강도를 증가시키는 것과는 역행해 있는 말들로 보입니다. 예를 들면 신체가 중력에 저항해 인체 구조의 강도를 강하게 하기 위해서는 위의 요결들처럼 가슴을 텅 비게 한다거나(함흉발배), 목덜미와 허리를 이완하고(허령정경, 송요), 근육을 늘리고(신근발골), 관절 사이를 벌리라는(송개) 등 일견 신체의 구조를 약하게 만드는 용어들을 사용하는 대신 위의 구절과는 반대로 관절 사이사이를 밀착시키고, 근육을 단단히 굳혀서 내부에 공간을 만들지 말라고 하는 등의 언어를 사용하는 것이 인체 구조를 견고하게 만드는 용어로 더욱 적합해 보입니다. 그런데 왜 태극권의 요결들에는 인체를 안정되고 강하게 만드는 것과는 상반되게 보이는 요결들이 오랜 세월을 거쳐서 이어져 내려오는 것일까요?

인체는 직립보행을 시작한 이후로 지구 중력의 영향을 받고 있으며, 중력에 저항하기 위한 최적의 구조로 진화되어 왔습니다. 이 최적의 구조란 인체가 단순히 뼈와 근육이라는 두 가지 요인으로 이루어진 것이 아니라 뼈와 근육 외에 피부, 근막, 체액과 인대, 건, 그리고 신체 내부의 비어 있는 공간 등의 조합에 의해 지구 중력에 저항하며 격렬한 움직임에도 내부 장기들을 보호할 수 있는 가장 효율적인 구조로 구성되어 있는 것을 말하며 우리는 이러한 형태에 특화된 구조를 텐세그리티 구조라고 부릅니다. 전통 태극권은 이 구조가 가진 안정성과 높은 자유도 상태가 인체에 최적의 상태를 부여하며 강한 반응을 할 수 있다는 것을 경험을 통해 깨달은 것입니다.

전통 태극권 요결이 가진 진정한 의미를 B·T 태극권의 입장에서 정리하면 다음과 같습니다.

2) 머리와 목―허령정경虛領頂勁

'허령정경虛領頂勁'은 태극권의 첫 번째 요구 사항으로, 머리와 경추 부위의 정렬에 관한 용어입니다. 서양의 해부학적 관점에서 볼 때 머리는 인체에서 가장 무거운 부위로 마치 5킬로그램 무게의 볼링공 하나를 목 위에 얹고 다니는 것과 같습니다. 그러나 이렇게 무거운 머리를 동양의학에서는 신체 중에 가장 가벼워야 하는 기관으로 정의하는데, 아마도 머리가 가지고 있는 기능적인 부분을 설명하기 위한 것으로 생각합니다.

머리는 눈과 코, 귀 등을 통해 외부 정보를 받아들이는 정보수집 기능과 그 정보를 수집, 판단해 신체 각 기관에 명령을 내리는 정보처리 기능이 있습니다. 이런 기능을 효율적으로 수행하기 위해 머리는 신체의 상부에 위치하게 되는데, 그로 인해 신체는 머리의 무게를 버티며 움직임을 행해야 하는 부담을 갖게 되어 움직임에 제약이 따르며, 머리의 위치가 조금이라도 중심에서 벗어나게 되면, 상대적인 무게의 증가를 가져와 건강상의 여러 가지 문제를 초래하게 됩니다.

허령정경은 이러한 문제들을 극복하기 위한 신체조작과 의념 방면의 요령이라고 할 수 있을 것입니다.

태극권에서 허령정경이라는 요결을 수행하기 위한 요령으로 다음과 같은 것이 있습니다.

① 머리를 묶어 천장에 매달아 놓은 듯합니다.
② 턱을 안으로 당겨 뒷덜미를 옷깃에 밀착시킵니다.
③ 머리가 부표처럼 바다에 떠 있는 듯 연상합니다.
④ 백회혈百會穴과 귀 그리고 흉쇄유돌근胸鎖乳突筋이 일직선상에 위치합니다.
⑤ 혀끝을 윗니 안쪽에 붙입니다.

― 정원일,『진식태극권실용권법』중에서

위의 방법들은 모두 머리를 몸의 중심선에 위치하게 하며, 머리가 마치 공중에 떠 있는 듯한 이미지를 통해 머리의 하중을 척추가 안정적으로 받칠 수 있게 근육의 조작을 만들어 내는 효과를 줍니다. 이런 방법은 경추의 부담을 덜어 주고, 머리의 위치 변화에 의한 반작용으로 골반의 위치 또한 조정되는 효과를 통해, 신체의 정렬을 도와 운동기능을 향상시킬 수 있게 하기 위한 요령입니다.

태극권 외에 발레나 체조 등의 많은 운동에서 요구하고 있는 머리와 경추의 자세 역시 태극권에서 요구하는 자세와 일치하고 있습니다.

알렉산더 테크닉Alexander Technique에서는 자세를 잡거나 움직임을 행할 때 먼저 턱을 당기고 머리를 위로 뽑아내듯이 해서 약간 뒤쪽으로 이동시키는 것을 선행하는데 이런 방법 역시 태극권에서 말하는 허령정경과 완전히 동일한 방법이며, 알렉산더는 이 방법만으로 자신의 목소리를 되찾았으며, 많은 사람들에게 커다란 도움을 줄 수 있었다고 합니다.

허령정경의 요구 사항은 단지 목덜미의 위치에만 영향을 미치는 것이 아닙니다. 이는 흉추부위 그리고 요추 및 고관절부위의 자세와 서로 연관이 되어 있습니다. 허령정경은 몸 전체를 이끌어 인체의 움직임이 안정적이면서 효율적일 수 있도록 인체 움직임을 통솔하는 역할을 하는 중요한 요결입니다. 따라서 인체의 움직임을 효율적으로 행하고 인체 구조의 바른 정렬을 위한 스위치와 같으며, 전반적인 신체의 정렬을 위한 첫 번째 선행 요건이라고 할 수 있습니다.

허령정경을 정확히 행하면, 새우등이라고 불리는 자세가 저절로 개선되며, 골반이 전방을 향하는 자세를 만들어 배근을 펴게 해 줍니다. 이런 자세는 '진식태극권'에서 요구하는 꼬리뼈가 후방으로 약 15도가량 뒤집어지게 해야 한다는 요구 사항과 일치합니다. 이는 동양의 기예에서 단전 부위의 중요성을 강조하며 의식을 집중해 얻으려고 하는 결과와 일치하는 것으로, 이런 자세는 신체를 안전한 자세로 만들 뿐 아니라 민첩성을 증가해 동작의 변화를 원활하게 해 주며, 자신이 발휘할 수 있는 최대의 힘을 발휘하게 하는 특징이 있습니다.

허령정경이 실현된 바른 자세를 우리는 예전 어머님들이 머리에 짐을 얹고 가는 모습에서 관찰할 수 있습니다. 무거운 물체를 머리 위에 얹고 가기 위해서는 거북목이나 새우등인 자세를 가진 사람도 저절로 턱을 당기고 목을 곧게 세우게 됩니다. 새우등인 상태로는 물건의 하중을 감당하지 못할 뿐 아니라 물체의 균형을 유지하지 못하게 됩니다. 이는 무거운 물체에 의해 내 몸에 가해지는 중력을 극복하기 위해서는 내 몸의 근육에 부하가 가장 적게 걸리는 위치와 자세를 취해야 하기 때문이며, 바른 자세일 때에야 균형을 유지할 수 있는데, 바른 자세는 근육에서 일어나는 긴장과 이완이 균형을 이루는 상태를 만들어 주기 때문입니다.

무거운 머리를 유지하며 많은 기능을 수행하기 위해, 머리를 지탱하는 목 주변의 근육은 효율적으로 진화했는데, 다른 부위에 비해 많은 지지근으로 이루어졌으며, 다른 부위의 지지근들에 비해 훨씬 많은 신경감지센서인 근방추가 분포되어 있습니다. 그에 의해 인체에서 가장 많은 혈액이 필요한 뇌로의 혈액공급량을 조절하는 기능을 하며, 호흡 조절, 운동 능력향상, 심신 안정 등의 효과를 가져오게 됩니다.

반대로 바른 자세가 무너져 균형이 무너지게 되면, 근육의 긴장이 일어나 호흡기능과, 운동능력의 저하를 가져오며, 공황장애 등의 심신장애와 목과 어깨 그리고 허리 등의 근골격계에 통증을 가져오게 됩니다.

 머리가 앞으로 돌출된 거북목은 만병의 근원이라 할 수 있는데 현대인들은 거의 온종일 머리가 앞으로 향한 상태로 생활하는 생활 습관으로 인해 대부분 거북목이라 할 수 있습니다. 거북목에 의해 나타나는 건강상의 문제를 살펴보면,

 첫 번째 호흡의 질이 떨어진다는 것입니다. 인간은 기본적으로 코로 호흡을 하게 되어 있습니다. 턱을 당기고 머리를 바른 자세에 위치하게 하면 자연스럽게 코로 호흡을 하게 되는데, 코로 호흡을 하게 되면 호흡량이 많아져 전신에 충분한 산소가 공급되며, 또한 코로 호흡을 하며 자연스럽게 횡격막의 운동이 이루어져 복부의 압력이 강해져서 안정성 관절인 요추부위가 견고해집니다. 그러나 머리가 전방으로 돌출된 거북목 자세가 되면 턱과 혀의 근육이 긴장되어 입이 벌어지게 되어, 코로 호흡을 하지 못하게 되며 자연스럽게 입으로 호흡을 하게 됩니다. 입으로 호흡을 하게 되면 횡격막 대신 어깨나 목을 사용해 얕은 호흡만을 하게 되어 목이나 어깨가 결리는 원인이 되기도 합니다. 또한 1회 가능한 호흡량이 작기 때문에 호흡 횟수가 증가하며, 이는 교감신경의 활성화로 이어지게 되고, 교감신경이 활성화되면, 숙면을 취하기 어려워질 뿐만 아니라 불안이나 공포, 분노 등의 좋지 않은 감정의 증가로 이어지게 됩니다.

 두 번째는 운동능력의 저하입니다. 머리가 앞으로 돌출된 거북목 상태에서는 신체 각 부위의 가동 범위가 좁아지며, 운동능력의 저하가 일어나게 됩니다. 시험 삼아 머리를 앞으로 내민 상태에서 허리를 뒤로 젖혀 보면 등에 긴장이 일어나서 가동성 관절인 흉추의 움직임

이 제한되어 몸을 뒤로 젖히기가 어려워짐을 알 수 있습니다. 뿐만 아니라 머리가 앞으로 돌출된 상태에서는 손을 들어 올리거나, 다리를 들어 올리는 등의 동작에 제약이 생기며, 또한 걷는 속도가 머리가 제 위치에 있는 것에 비해 현저하게 느려짐을 알 수 있습니다.

세 번째는 각종 근골격계 통증의 원인이 됩니다.

필자는 태극권을 지도하면서 건강 개선을 목적으로 태극권을 선택한 많은 수련회원을 만날 수 있었습니다. 그중에서 목과 어깨, 허리, 턱관절 등에 통증을 호소하는 대부분의 사람들이 거북목 자세를 취하고 있음을 발견할 수 있었습니다.

위에서 말한 대로 거북목은 척추에 연쇄반응을 일으켜 새우등과 골반이 뒤로 뒤집어지는 자세로 이어지게 됩니다. 이런 자세가 장기적으로 어깨 결림이나 요통 그리고 등이 결리는 증상 등을 만들어 내는 원인이 되므로 이러한 자세가 개선되지 않는다면, 주사와 물리치료 등의 방법으로는 일시적인 통증의 완화를 가져올 뿐 근본적인 치유가 되지 않음은 당연한 결과입니다.

네 번째는 빈혈, 심신장애, 어지럼증, 두통 등의 원인이 됩니다. 경추와 후두골은 후두하근군에 의해 자세가 유지되고 있는데, 머리가 앞으로 돌출된 자세는 후두하근군의 긴장을 만들어 몸이 굳어지는 원인이 됩니다. 후두하근군은 자세의 균형을 유지하는 역할을 합니다. 필자는 한때 어깨와 팔에 과도한 부하가 걸리는 운동을 한 적이 있었는데 목 주변의 근육들에 과도한 긴장이 일어, 심한 어지러움증에 시달리게 되었습니다. 아마도 흉쇄유돌근과 후두하근군등의 근육이 과도하게 긴장해 목과 머리의 정렬이 깨져 달팽이관의 기능에 이상이 생긴 것이 원인일 것으로 추측하고 있습니다. 이후 굉장히 오랜 기간 목 주변 근육의 긴장을 풀어 주고 나서야 어지러움증에서 벗어날 수 있었습니다.

심신장애와 공황장애 등은 거북목에 의한 목 주변근육과 후두하근군의 긴장으로 뇌에 혈액공급이 원활하게 이루어지지 않아 외부에서 주입된 정보를 제대로 처리하지 못해 발생하기도 하며, 두통이나 어지럼증도 거북목에 의한 근육의 긴장으로 인해 생기게 되는데, 목의 근육이 굳어지게 되면 뇌에 혈액이 적절히 공급되지 않아 두통이나 빈혈이 발생하게 되며, 후두하근군의 긴장에 의한 근밸런스의 손상이 현기증이나 어지럼증이 발생하는 원인이 되기도 합니다.

이처럼 거북목에 의한 폐해는 셀 수 없이 많으며, 단지 머리의 위치를 정위치로 옮기는 것만으로 이런 모든 증상을 개선할 수 있습니다. 이런 이유로, 태극권에서는 머리의 위치 확보를 첫 번째 요구 사항으로 삼았을 거라 추측해 볼 수 있으며, 신체의 올바른 사용과 건강한 삶을 위해서도 꼭 필요한 사항임을 알 수 있습니다.[36]

3) 가슴과 등—함흉발배涵胸撥背

"횡격막은 100개 이상의 관절에 영향을 미치는데 그중 일부는 직접 지나가고 다른 일부에는 근막 및 골격 연결을 통해 영향을

---

36) 이토 카즈마, 『턱만 당겨도 통증이 사라진다』, 장은주 옮김, 위즈덤하우스(2015)

준다."

— 레슬리 카미노프·에이미 매튜스, 『요가 아나토미』 중에서

'함흉발배涵胸撥背'는 가슴 부위의 자세에 관한 태극권의 요결입니다.

함흉발배는 글자해석과 전승 과정의 오류에 의해 가슴을 함몰시키고 등을 후방으로 돌출시키는 새우등 자세를 지칭하는 용어로 인식하고 수련하는 사람들이 대부분인 것이 현실입니다. 그러나 앞서 설명한 것과 같이 등을 후방으로 돌출시킨 새우등 자세는 연쇄적으로 목과 골반의 자세에 악영향을 미치게 되어, 건강에 치명적인 문제를 일으키게 됩니다.

새우등 자세에 의한 건강상의 문제는 요통과 어깨결림 등의 근골격계에 통증을 일으키는 것입니다. 새우등 자세는 골반의 위치를 뒤쪽으로 기울어지게 하는 원인이 되어, 이로 인해 요추를 받쳐 주는 근육의 균형이 무너져 긴장을 일으키게 되어 요통을 일으키는 원인이 됩니다. 또한 골반이 후방으로 뒤집어지는 자세에 의해 아랫배가 볼록하게 튀어나온 체형이 되어 미관상 보기 좋지 못합니다. 그리고 새우등에 의해 머리가 앞으로 돌출되는 거북목이 되는데, 이런 자세는 앞장 허령정경 편에서 설명한 바와 같이, 어깨 결림이나 두통, 그리고 만성 팔저림 등의 증상이 생기는 원인이 됩니다. 또한, 가슴을 찌그린 자세로 인해 가슴과 복부를 압박하는 상태가 되고 이로 인해 위나 간 등의 장기에 혈액공급이 정상적으로 이루어지지 않게 되어 소화불량이나 간경화 등이 발생하는 원인이 될 수 있으며, 횡격막의 압박으로 인해 호흡량의 감소가 일어나 만성적인 산소 부족 증

상에 시달리게 됩니다.

상기한 내용 이외에 새우등 자세에 의한 폐해는 심장과 폐의 기능 저하에도 있습니다. 가슴을 찌그러트린 자세는 흉곽 내부의 공간을 좁아지게 하는 원인이 되는데, 이로 인해 폐와 심장이 압박을 받게 되어, 정상적인 산소와 혈액의 공급을 방해하게 되며 이로 인해 심장은 부족한 혈액공급을 보충하기 위해 박동을 빨리 하는 빈맥을 만들어 내게 됩니다. 사토 세이지[37]는 그의 저서 '진짜 건강하려면 운동하지 마라'에서 현재 급증하고 있는 돌연사의 주요 원인 중 하나인 부정맥도 새우등이 원인이 되어 나타나는 증상이라고 말하고 있습니다.

> "부정맥 중에서 심장이 빨리 뛰는 빈맥(頻脈)은 어깨가 앞으로 처져 오른쪽 가슴이 우그러들어 있기 때문에 나타나는 증세에 지나지 않는다. 부정맥은 가슴을 펴기만 하면 사라지게 돼 있다. 부정맥 뿐만 아니라 심장에 생기는 병(심장내막염, 심장판막증, 심근염, 심근경색, 심장파열 등)은 대부분 무성맥과 마찬가지로 가슴이 우그리들어 있기 때문에 발생한다고 보아야 한다. 스트레스를 받아 심장병이 생기는 것이 아니라 스트레스를 받는 자세를 하고 있기 때문에 심장병이 생기는 것이다."
>
> ― 사토 세이지, 『진짜 건강하려면 운동하지 마라』 중에서

---

37) 사토 세이지(佐藤青児): 1963년생. 일본 치과 전문의로서 턱관절 질환 환자를 주로 치료하면서 '사토식 림프 케어'를 고안.

사토 세이지는 그의 저서에서 가슴 부위의 바른 자세가 얼마나 중요한지를 강조했습니다. 그렇다면 올바른 가슴 부위의 자세는 어떤 것일까요? 이를 위해서는 함흉발배라는 한문의 해석을 기존의 해석과 다르게 접근해야 합니다.

먼저 함흉涵胸에서 '함涵'은 말 그대로 '무언가를 머금다, 포함한다'는 뜻으로, 이를 위해서는 신체에 공간을 만들 필요가 있습니다. 기존의 해석은 이 공간을 인체 외부인 가슴의 전방에 위치한다고 설정하고 있어서, 그것에 의해 가슴을 안으로 함몰시킨 자세를 만들 수밖에 없었고, 이런 잘못된 해석에 의해 태극권은 본질에서 크게 벗어나게 되었으며, 건강에도 악영향을 끼치게 되었습니다. 우리는 이 공간을 가슴 앞에서, 흉곽 내부에 위치하는 것으로 바꿔야 합니다. 흉곽 안에 공간을 만들면 심장과 폐가 압박당하지 않아 제 기능을 발휘할 수 있을 뿐만 아니라, 텐세그리티 이론에 의하면 이 공간이라는 개념이 신체의 구조를 견고하게 해 주는 요소 중의 하나가 됩니다. 가슴 안에 공간을 만들어 구조가 견고해지는 원리를 설명해 보면, 호흡에 의해서 흉곽 내에 공기를 주입하는 작업에 의해 흉곽을 넓히는 것이 가능한데, 이는 바른 자세에서 코로 호흡을 할 때 생기는 횡격막의 운동과 결합되어 가능하게 됩니다. 횡격막은 인체를 지지해 주는 지지근에 속하며, 호흡에 의해 횡격막이 바르게 움직이면, 지지근으로서의 기능이 바르게 작동해 신체를 견고하게 만들어 줍니다. 또한 흉곽의 팽창은 피부와 근막 등에 의한 압축력을 강하게 만들어 주는데, 이 또한 신체의 구조를 견고하게 해 주는 요소의 하나로 작용하게 됩니다.

다음 발배撥背는 일반적으로 등을 후방으로 뽑아내는 것으로 해석해 등을 후방으로 곱추처럼 내미는 모양을 만듭니다. 그러나 바이오텐세그리티Bio-Tensegrity의 이론에 의하면 척추 관절의 압박을 완화시키고 척추를 연결하는 근육에 긴장을 줘서 척추 본래의 역할을 하게 만드는 것이 옳습니다.

즉, 발배는 등을 후방으로 돌출시키는 자세가 아니라, 척추 관절을 상방으로 뽑아 올리는 동작을 설명하기 위한 용어입니다. 이 자세는 허령정경이라는 요령의 연장선상에 있는 것으로 이 또한 구조력을 강하게 만들기 위한 용어입니다. 즉, 지구 중력의 작용에 의한 인체를 압축하는 힘에 가장 효율적으로 저항할 수 있는 각도로 척추를 세워서 인장력을 만들어 긴장과 이완이 적절히 균형을 유지하는 구조체를 만들어 내는 것으로 이 역시 바른 자세와 견고한 신체 구조를 위한 것입니다.

가슴을 확장시키고 척추를 상방으로 바르게 세우는 함흉발배 동작을 정확히 행하면 머리의 위치가 정중앙으로 위치하게 되고 골반이 전방으로 넘어가는 자세가 만들어져 신체가 바른 사세를 유지히게 됩니다. 다만 가슴을 너무 과도하게 팽창해 뒤로 젖히는 동작은 좋지 않은데, 이런 자세 역시 흉강과 복강의 압박을 가져오게 되며, 척추의 만곡을 초과해 몸의 중심선을 벗어나게 되며, 특히 요추가 과다 신전해 요통이 생기는 원인이 될 수 있습니다.

4) 허리, 엉덩이, 다리―기침단전氣沈丹田

'기침단전氣沈丹田'은 하반신의 자세와 동작에 대한 요령을 설명하는 말로, 인간이 동물과 구분되는 가장 큰 차이점인 직립보행과 관련된 요결입니다. 사실 두 발로 걷는다는 것은 굉장한 어려움이 따르는 행위라고 할 수 있습니다. 어떤 사물이 균형을 유지하기 위해서는 최소 세 개의 다리가 필요하다는 것은 정규과정의 교육을 받은 사람이면 누구나 알고 있는 사실입니다. 이러한 균형을 유지하기 위한 최소한의 조건을 극복하고 두 개의 다리만으로 걷기 위해 인체는 아주 특수한 형태의 진화를 거듭했을 것입니다.

먼저 두 발만으로 걷는 데서 생기는 리스크를 극복하기 위해 발가락과 발바닥에는 다른 동물들과 다르게 평형을 유지하는 데 필요한 신경센서가 발달되어 있으며, 양쪽 발이 각각 독립적으로 균형을 유지할 수 있도록 기능적인 진화가 이루어졌습니다. 또한, 두 발만으로 보행을 시작한 후, 다리로 내려간 혈액이 중력에 의해 심장으로 돌아가기가 힘들어지는 것과 같은, 사족 보행일 때는 문제가 되지 않던 이런 문제를 해결하기 위해 인간은 종아리 근육이 사족 보행을 하는 동물들과는 다른 형태로 발달되어 있으며, 강력한 펌프작용을 일으켜 혈액이 심장으로 돌아가는 것을 돕습니다.

무엇보다 인간이 직립보행을 할 수 있게 된 가장 큰 이유는 골반 주변에 있는 지지근인 대둔근과 장요근의 발달 때문입니다.

태극권에서는 원당圓襠, 송과鬆胯 등의 용어를 사용해 골반의 움직임을 설명하는데, 그중 특히 고관절의 영활한 움직임을 중요하게 생각합니다. 이 고관절의 움직임은 대둔근과 장요근에 의해 만들어지며, 모두 여섯 가지 형태로 구분할 수 있습니다. 굴곡[38], 신전[39], 외전[40], 내전[41], 외선[42], 내선[43]의 움직임이 그것인데, 굴곡과 신전은 다리를 앞뒤로 움직이는 동작을 말하고 외전과 내전은 다리를 바깥쪽과 안쪽으로 움직이는 동작을, 마지막으로 외선과 내선은 다리를 안쪽과 밖으로 돌리는 동작을 말합니다.

대둔근은 골반의 뒤쪽에 위치해, 고관절의 신전과 외선의 움직임을 이용해 신체를 바로 세워 상체가 앞으로 넘어지지 않게 지지해 주는 작업을 하는데 만약에 대둔근이 약해지면 상체가 앞으로 기울어져 서 있기가 힘들게 됩니다. 또한 대둔근은 상반신의 체중과 지

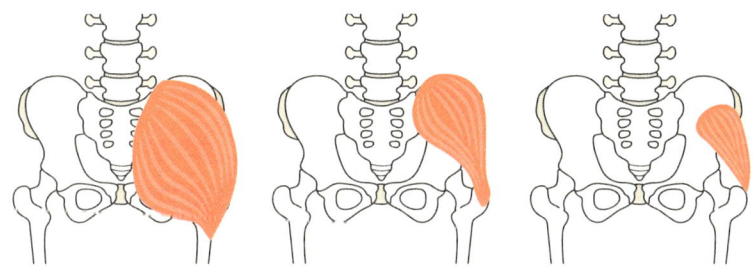

대둔근, 중둔군, 소둔근

---

38) 굴곡屈曲: 이리저리 굽어 꺾임.(출처: 다음사전)
39) 신전伸展: 늘여서 펼침.(출처: 다음사전)
40) 외전外轉: 운동에서, 팔다리를 밖으로 내뻗는 동작.(출처: 다음사전)
41) 내전內轉: 팔다리를 몸의 중심축 방향으로 돌리는 운동.(출처: 다음사전)
42) 외선外旋: 내선과 역방향의 회선운동이고 어깨, 고관절에서 주로 이루어짐. 어깨관절에서는 상완을 체간에 접해 팔꿈치 관절을 앞쪽에 90도 구부린 위치를 원점으로 하고, 여기에서 앞팔을 바깥쪽으로 돌리는 것이 외선이고 고관절에서는 대퇴전면이 바깥쪽으로 향하는 회선운동이 외선임.(출처: 간호학대사전)
43) 내선內旋: 외선의 역방향 회전운동. 어깨, 고관절이 안쪽으로 향하는 회선운동.(출처: 간호학대사전)

면에서 발생하는 반작용에 의한 충격을 흡수해 관절을 보호하는 작업을 합니다. 고관절은 인체의 중심부이며 인체에서 가장 많은 부하가 걸리는 곳입니다. 대둔근은 소둔근, 중둔근, 대둔근 세 개의 근육으로 이루어져 있으며, 이 세 개의 근육이 고관절을 감싸 외부에서 가해오는 충격을 흡수하는 완충 작업을 해 줍니다.

또한 대둔근은 대퇴부를 외측으로 움직이는 외선동작을 만들어 내는데, 그에 의해 발이 지면에 착지하거나 무릎을 구부려 앉는 자세 등에서 무릎의 관절이 바른 위치에 있도록 도와주고, 이에 의해 무릎관절의 부상을 방지하는 역할을 합니다. 그뿐 아니라 대둔근은 신전 작업을 통해 몸을 바르게 서는 동작을 도와서 척추를 바르게 유지하게 하며, 척추의 관절 역시 보호하는 작업을 합니다. 마지막으로 대둔근은 움직일 때 균형을 유지하는 기능을 합니다. 인간은 몸의 균형을 유지하는 '정위반응'[44]이라는 능력이 있습니다. 정위반응은 목부터 골반, 목부터 대퇴부 그리고 목부터 발목까지를 수직으로 유지하는 3종류가 있는데, 이중 목부터 대퇴부 그리고 목부터 발목관절까지의 정위반응이 대둔근에 의해 유지되며, 양쪽 눈과 양쪽 어깨 그리고 양쪽 고관절이 수평을 이루게 해 줍니다. 대둔근은 인체에서 가장 큰 지지근이며 인체의 정위반응에 지대한 역할을 미치게 되는데, 대둔근이 약하면 인체의 정위반응이 제 역할을 하지 못해 걷는 것은 물론 제대로 서기도 힘들어지게 됩니다.

장요근은 대둔근과 반대로 골반의 전방에 위치하는데, 대요근, 소요근 그리고 장골근의 세 개의 근육으로 구성되어 있습니다.

---

[44] 정위반응 righting reaction: 인간이 공간상에서 정상자세를 유지하려고 하는 반응.

대요근은 척추를 안정감 있게 지지해 주며, 다리를 전방으로 밀어 차거나 골반을 기울이는 동작 등을 담당하며, 장골근은 골반을 안정되게 지지해 주고, 다리를 수직으로 들어 올리는 동작을 담당합니다. 이 장골근은 대둔근과 함께 강력한 지지근으로 골반의 전방에서 골반을 안전하게 잡아 주는 역할을 합니다. 사람이 서거나 걷는 동작을 하는 것은 이 두 근육, 대둔근과 장골근의 역할이 대단히 크다고 할 수 있으며, 이로 인해 인간이 움직임을 행할 때의 중심을 골반이 담당하게 되었습니다.

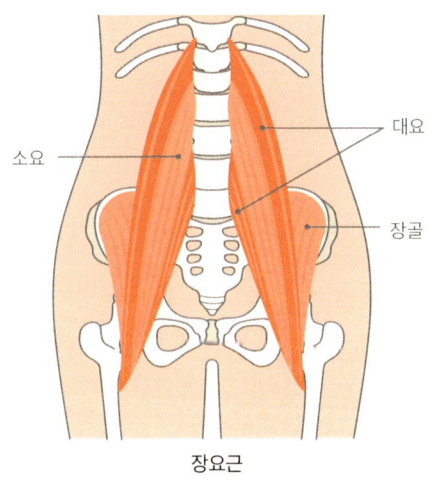

장요근

사람에게 생기는 수많은 관절질환은 사실 인간이 직립보행을 하기 때문에 발생한다고 해도 과언이 아닐 것입니다. 사족 보행을 한다면 원래 가로로 누워 있어야 할 척추가 세로로 일어서게 되면서, 척추의 관절 사이사이가 중력을 과하게 받게 되었습니다. 이런 이유로 척추가 정위치에서 조금만 벗어나도 허리, 무릎, 목 등의 부위에 통증이 발생하기 쉬우며, 내장 기관들도 아래로 늘어지는 하수下垂증상[45])이 발생하기 쉽습니다.

사람은 이러한 단점을 극복하기 위해 다른 동물에 비해 지지근이 더 많이 발달되었으며, 이 지지근에 의해 신체를 효율적으로 사용하도록 자세나 사용 방법 등을 진화시켰습니다. 신체의 각 부위는 서로 영향을 주고받게 되는데, 예를 들어 목 부위의 자세가 잘못되면 가슴이나 고관절 부위에 변형을 일으키게 되며, 반대로 골반의 위치가 바르게 되면, 가슴과 목 등도 바른 자세가 유지되게 됩니다. 사람은 바른 자세가 유지되면, 관절의 부상을 예방할 수 있으며, 혈액순환이 원활하게 이루어질 뿐만 아니라 걸을 때 발생하는 부하를 신체 각 부위가 골고루 분담해 먼 거리를 이동할 수 있습니다.

골반을 바른 자세로 세우는 것은 골반 기울기Pelvic tilt의 조정으로 이야기할 수 있습니다. 이 자세는 이미 설명한 바와 같이 골반이 앞으로 기울어지고, 꼬리뼈가 후방으로 약 15도 가량 뒤집어진 상태입니다. 골반이 앞으로 기울어져 있으면, 인체의 무게 중심이 복부의 중앙(단전)에 위치하며, 또한 몸을 앞으로 기울이고 있는 것과 같은 효과를 만들어 다리를 앞으로 딛거나 지면을 박차는 동작을 쉽게 행할 수 있게 되며, 이로 인해 대둔근이 효과적으로 발달하게 됩니다. 골반이 앞으로 기울어진 자세를 만들기 위한 요령이 있는데 양쪽 엉덩이에 힘을 주어 안쪽으로 합하는 동작을 행하는 것입니다. 태극권에서는 '렴둔斂臀'이라는 용어로 불리는 요령인데, 현재 대중적

---

45) 하수下垂증상: 의학적으로 눈꺼풀, 위, 자궁 등의 장기가 아래로 처지는 증상.

으로 행해지고 있는 태극권은 렴둔의 해석을 꼬리뼈를 전방을 향하게 말아 넣어 골반이 후방으로 뒤집어지는 자세를 취하고 있습니다. 이런 자세는 건강상에 많은 문제를 가져오는 바르지 않은 자세로 올바른 해석이 필요합니다.

 골반은 가운데에 선골과 미골이 삼각형 모양으로 이루어져 있으며, 선골의 양옆을 장골, 치골, 좌골의 뼈들이 둥글고 납작한 형태로 이루어져 있습니다.

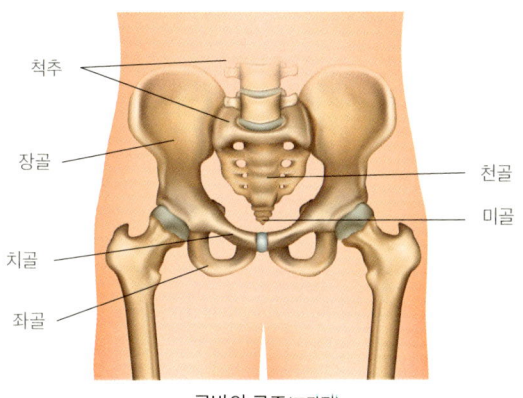

골반의 구조(고관절)

 이 삼각형 모양의 좌우에 장골, 치골이 연결되어 있는데, 이 연결부위를 선장관절이라고 합니다. 그리고 치골에 대퇴골두가 연결되어 있는데, 일반적으로 고관절이라 불리는 곳이며, 인체에서 움직이는 범위가 가장 넓고 많은 움직임이 일어나는 곳으로, 허리를 앞뒤로 구부리거나 좌우로 회전시키는 등의 동작은 사실 고관절에서 일어나는 운동입니다.

사람이 걷는 동작을 하면 골반에서는 타원형 운동이 일어나게 됩니다. 이는 좌우의 고관절이 각각 원운동을 해 두 개의 원이 결합된 형태로 나타나기 때문입니다. 이때 고관절 양쪽을 중심으로 삼아 걸으면 좌우로 몸을 크게 흔들며 걷게 되어 중심이 모두 다리에 집중되어 에너지 소모가 심하게 되고 결국에는 오래 걷지 못할 뿐만 아니라 걸음걸이가 대단히 불안정하게 됩니다. 이런 이유로 걸을 때 좌우의 중심점을 골반의 중심으로 이동시키게 되는데, 그 역할을 하는 곳이 선장관절입니다.

척추와 경추 그리고 머리 등 상반신의 중량은 모두 선골에 집중되며 요추와 선골이 만나는 점 그리고 좌우의 선장관절은 삼각형 모양으로 신체의 중심을 이루게 됩니다. 인간이 걷는 동작을 할 때 계속해서 반복되는 운동이 일어나는데, 이때 좌우의 선장관절이 중심축이 되어 하반신의 흔들림을 완충하는 기능을 수행하며, 또한 척추와 골반 그리고 하지가 연결되게 해 주는 역할과 체중을 지지하는 역할을 합니다. 따라서 선장관절은 원활한 움직임이 가능해야 하며, 내구성이 겸비되어야 하는 매우 중요한 부위입니다. 그리고 부상이 생기면 치료하기가 매우 까다로운 부위이기도 합니다.

골반의 위치가 정확하지 않으면 선장관절에 많은 부하가 가게 되며, 그에 따라 선장관절은 틀어지기가 매우 쉬운데, 선장관절의 틀어짐은 전신의 관절에 영향을 미치게 됩니다. 예를 들어 오른쪽 선장관절이 틀어지면 오른쪽 골반이 당겨 올라가 다리가 짧아지며, 왼쪽 골반은 뒤쪽으로 내밀려 왼발에 체중이 몰리게 되며, 골반이 틀어지게 됩니다. 골반의 틀어짐은 골반에 연결된 장요근 대둔근 등의 근육을 경직시키게 되고, 근육의 경직은 골반을 움직이지 못하게 만드는 결과를 가져옵니다. 이때 골반의 움직임을 대신해 안정적이어야 할 요추가 보상운동을 하게 되어 척추의 틀어짐을 유발해 요통의 원인이 되기도 합니다.

대퇴부는 전방에 네 개의 근육으로 구성된 대퇴사두근(외측광근, 대퇴직근, 중간광근, 내측광근)과 후방에 세 개의 근육으로 구성된 햄스트링(대퇴이두근, 반건양근, 반막양근)이 있습니다.

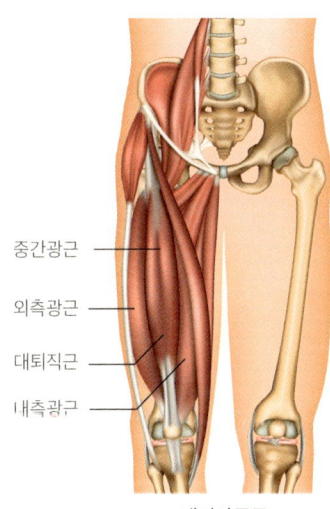

대퇴사두근

대퇴사두근 중에 대퇴직근은 길이가 긴 근육으로 슬개골에서부터 엉덩이관절까지 연결되어 있으며, 햄스트링은 엉덩이뼈(장골)에서부터 정강이뼈인 경골까지 연결되어 있습니다. 이 두 개의 근육은 앞뒤에서 서로 균형을 맞추어 엉덩이와 몸통을 유지해 엉덩이관절을 전후좌우로 굴신운동 하거나 회전하는 운동을 도와줍니다. 또한 무릎을 접었다 펴는 동작을 도와 무릎 아래의 움직임을 만들어 내며 균형이 맞지 않으면 무릎의 부상을 일으키는 원인이 됩니다.

위에서 살펴본 바와 같이 하반신의 움직임은 골반을 중심으로 위는 장요근과 대둔근이, 아래는 대퇴사두근과 햄스트링이 전후방에서 균형을 유지할 때 바른 자세와 원활한 움직임이 만들어지며, 건강을 유지할 수 있습니다. 태극권의 핵심은 고관절과 당부(가랑이)의 효율적인 움직임을 만들어 내어 지지근을 단련해 골반의 위치를 바르게 만들어 주는 데 있습니다. 또한 다른 운동에서 접근하기 어려운 선장관절의 움직임을 만들어 내는 효과 또한 갖추고 있습니다. 나이가 들면서 움직임이 둔화되는 원인이 장요근과 대둔근의 퇴화라는 점을 고려해 볼 때, 태극권은 건강하고 활기찬 노년을 위한 최고의 운동이라 할 수 있습니다.[46]

5) 어깨와 팔—침견추주 沈肩墜肘

'침견추주沈肩墜肘'는 팔의 사용에 관한 태극권의 요결입니다.

인간의 팔은 다리와 비슷한 구조로 되어 있지만, 다리의 대퇴부가 골반이라는 몸의 중심부와 결합되어 있는 것과 달리, 팔의 상부인 어깨는 쇄골과 늑골이 만나는 지점인 몸의 바깥쪽에 연결되어 있습니다. 요추와 골반이 안정성 관절인 것과 마찬가지로 쇄골과 늑골이

---

46) 마쓰오 다카시, 『평생 걸을 수 있는 엉덩이 건강법』, 황미숙 옮김, 보누스(2018)

만나는 지점 역시 안정성 관절로 큰 움직임이 일어나지 않게 되는데, 이로 인해 팔을 자유롭게 움직이기 위해 견갑골이 큰 역할을 하게 됩니다.

　견갑골과 쇄골은 7번 경추에서부터 어깨관절까지 연결되어 마치 옷걸이와 같은 형태를 이루고 있는데, 견갑골은 몸통의 후방에 다른 골격과 연결되지 않고 공중에 떠 있는 형태로 되어 있지만, 주변 근육의 작용과 연부조직의 장력에 의해 지지되며, 그에 의해 회전, 상승, 전인[47], 후인[48], 하강하는 움직임을 만들어 내어 어깨관절의 움직임을 만들어 낼 뿐만 아니라 어깨관절을 안정화하는 작업 역시 수행합니다.

　견갑골의 움직임이 주변근육의 작용에 의해 발생한다는 점을 감안해 보면, 견갑골의 움직임이 잘 일어나지 않는 것은 광배근이나 승

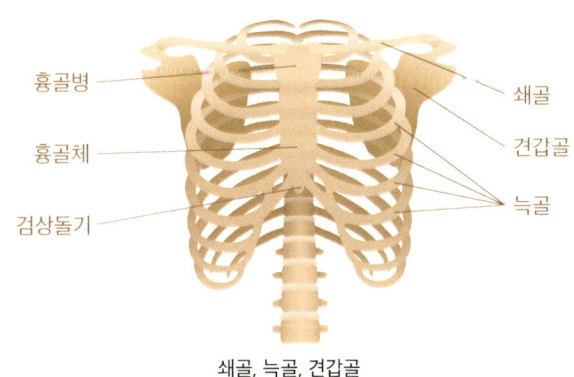

쇄골, 늑골, 견갑골

---

47) 전인protraction: 팔을 앞으로 뻗을 때 일어나는 움직임. 견갑골의 내측면 사이가 벌어짐.
48) 후인retraction: 어깨를 뒤쪽으로 밀 때 일어나는 움직임. 견갑골의 내측면 사이가 좁아짐.

모근 등의 주변 근육이 제대로 기능하지 못한다고 생각할 수도 있을 것입니다. 실제 고령자의 걸음을 보면 팔꿈치를 뒤로 당기는 동작을 하지 않는 것을 관찰할 수 있는데, 상체의 근육이 약해진 것이 원인입니다. 견갑골 주변은 온몸에서 가장 많은 근육이 분포되어 있습니다. 걸을 때 의식을 팔이 아닌 견갑골에 집중해 팔의 움직임을 만들어 내면, 상지의 근육[49]을 효율적으로 단련할 수 있으며, 다리로만 걷는 것보다 힘을 분배해 사용하게 되어 피로를 덜 느끼게 됩니다. 또한 견갑골을 많이 움직이면, 흉곽의 움직임을 원활하게 해 요추가 움직이지 않게 되어 요추의 안정화를 가져오는 효과를 봅니다.

견갑골, 쇄골 그리고 어깨의 바른 자세를 만들기 위해서는 광배근의 이완이 중요합니다.

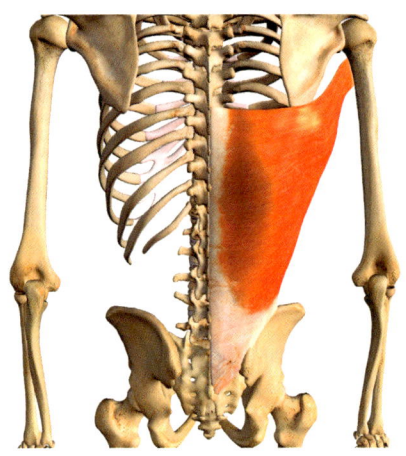

광배근

---

[49] 상지(허리 위쪽의 신체 부분)의 근육은 상지를 연결하는 근육, 상완의 근육, 전완의 근육, 손의 근육 등 4군으로 표현할 수 있음.

광배근은 허리에서부터 시작되어 등에 광범위하게 퍼져 있으며, 등에서 겨드랑이 밑으로 연결되어 어깨뼈의 전면에 연결되어 있습니다. 그 때문에 광배근이 위축되면, 어깨뼈의 전면이 안쪽으로 당겨져 몸의 좌우측이 안으로 말리는 자세가 됩니다. 즉 새우등 자세는 광배근의 경직을 만들어 내며, 광배근의 경직은 어깨의 자유로운 움직임을 제한하는 원인이 됩니다. 오십견 등의 어깨 관절의 건강을 위해서도 바른 자세와 유연한 근육은 필수입니다.

진식태극권실용권법 지도자인 정원일은 그의 저서 '진식태극권실용권법'에서 "'송견추주鬆肩墜肘'라는 말이 '침견추주'보다 더 태극권의 동작에 부합된다."[50]라고 표현했습니다. 필자도 그의 견해에 전적으로 동의하는데, 위의 글에서 살펴본 바와 같이 어깨의 자연스러운 움직임은 어깨 주변근육의 자연스러운 조합에 의해 가능하며, 이를 위해서는 근육과 관절의 이완이 필요합니다. 또한 안정성 관절인 팔꿈치의 움직임은 접었다 펴는 동작만이 가능하며, 태극권의 동작에 필요한 팔꿈치의 위치 변화 역시 어깨관절의 선전에 의해 만들어진다는 점을 감안한다면, 어깨를 늦추기 위해 부자연스러운 긴장을 만들어 내는 것보다는 어깨의 자연스러운 이완이 더욱 태극권운동에 적합하다고 할 수 있습니다.

이외에 태극권에서의 '침견추주'는 지면반력에 의해 다리에서 만들어 낸 힘을 손으로 전달하기 위한 요령입니다. 이를 위해 손이 움직이는 궤도에 특별한 법칙이 있으며, 순역의 전사와 배합이 지켜져야 합니다.

---

50) 정원일, 『진식태극권실용권법: 이론과 기본공』, 현문사(2021), p. 152

6) 배합과 조화―입신중정 立身中定

"각종 동작에 손이나 발이 먼저 앞서나간다. 의식이 목적물에 끌리고 있는 것이다. 그러나 이처럼 몸의 말절이 먼저 동작을 일으키는 것은 전체의 평균을 깨뜨려 중심을 치우치고 마는 것이 되는 것이다. 즉 몸이 무너지는 것이다. 몸의 운동 동작은 모두 중심에 요약되어야 하며, 이렇게 해 힘은 평균이 되고 피로도 똑같이 분배되므로 능률이 오르는 것이다. 古來로 무술·예도의 형태가 모두 여기에 집중되어 있는 것은 멋진 일이다. 손발보다도 몸이 앞서 움직이는 것, 손발을 몸에서 떨어뜨려 사용하지 않는 것. (…) 어떠한 동작이든 구부리면 펴지는 예가 있고, 전진하면 그 반작용으로서 후퇴하는 힘이 더해지는 부분이 있다. 각 동작은 각기 관절부를 지점으로 작용, 반작용의 힘이 분해되므로 시작으로 결과로서의 힘이 발휘되는 것이다. 그러므로 이 기본지점이 몸의 중심이 되었을 때, 전체적으로 힘이 들어가고 빠진다. 즉 가장 능률이 오르는 것은 납득이 가며, 전신의 중심을 중심으로서 사용하지 않을 때에는 말초부에 중심이 생겨, 전체로서는 밸런스가 무너지게 되는 것이다. 그리고 피로가 편재하며, 힘이 완전히 빠지지 않고 응결이 생기게 된다. (…) 그러니까 만반의 것들의 요령을 얻으려면 동작에 있어서 전체의 중심을 몸이 중심에 두는 자세를 획득할 때에 얻어질 것이다."

― 이철인, 『스포츠 상해와 신체 교정법』 중에서

'입신중정立身中定'은 신체에 가해지는 중력의 힘에 효율적으로 저항하기 위한 신체정렬의 결과물이라고 할 수 있습니다. 이를 위해서는 앞서 설명한 허령정경에서 침견추주까지의 모든 신체정렬의 요구 사항이 지켜져야 하며, 어느 하나라도 지켜지지 않으면 완전한 입신중정을 이루기 힘들 것입니다.

비단 태극권뿐만이 아니라 발레나 서예, 검도 등 오랜 역사를 가진 종목에서는 이러한 요구 사항이 잘 지켜진 상태에서 몸을 사용하는 방법을 공통적으로 사용하고 있는 예를 위에 소개한 글에서 찾아볼 수 있을 것입니다.

입신중정立身中定을 유지한다는 것은 건강 방면에서는 신체의 정렬을 통해 완전한 구조를 확보해 순환을 돕는 것이며, 기에 방면에서는 지지근의 단련을 통해, 지지근에 다량 분포하고 있는 감각신경센서인 근방추를 사용할 수 있게 해, 섬세한 작업을 수행할 뿐 아니라 바른 자세에서 나오는 아름다운 몸의 움직임과 강한 힘을 발휘해 낼 수 있는 효과를 얻게 됩니다.

그리고 바른 입신중정을 유지하기 위한 또 하나의 조건은 상대적인 위치의 확보인데, 이는 태극권의 태생이 상대방을 제압하기 위한 무술이라는 것에서 연유됩니다. 즉 자신의 신체를 바르게 세우는 데에 그치는 것이 아니라, 나에게 외력을 가해 오는 상대방과의 관계에서 나의 균형을 무너뜨리지 않을 뿐만 아니라 도리어 상대방의 균형을 깨뜨리는 효과를 얻어 내는 상황을 만들어 내는 것으로, 이를 위해서는 양쪽 고관절의 고저 변화에 의한 하반의 허와 실의 구분, 그에 따른 손과의 배합 그리고 지레원리 등 복잡한 기술적인 적용이

필요합니다.[51]

  우리의 인생은 어찌 보면 항상성을 유지하려 노력하는 것이라고 할 수 있을 것입니다. 동양의 고전인 '주역周易'의 핵심이 모든 사물은 변화한다는 것입니다. 그리고 우리는 그 대원칙인 변화를 받아들이고 변화의 과정에서 끊임없이 중심을 잡아가는 노력을 해야 하는 존재입니다. 작게는 인체의 세포 역시 끝없이 생성과 사멸을 반복해 육체라는 존재를 유지할 수 있으며, 살아가기 위해 필수 요건인 움직임 역시 기본 조건은 균형을 깨트려야만 움직일 수 있는 것입니다. 외부의 조건과 무관하게 중정을 유지한다는 것은 이미 그 자체가 균형을 유지하지 못하고 있다는 뜻이 포함되어 있는 것입니다. 균형을 유지하기 위해서는 역설적으로 균형을 무너뜨려야 하며, 균형을 무너뜨려야 비로소 완전한 균형을 유지하게 됩니다.

---

[51] 이 책은 태극권 수련과 건강에 관한 내용을 다루고 있습니다. 태극권의 운동 역학과 힘의 증가에 대해 더 자세히 알고 싶으신 분께, 정원일 관장의 저서 『진식태극권실용권법』을 추천합니다.

4. B·T 태극권의 미래

1) 태극권의 대중화

2020년 12월 유네스코UNESCO에 인류무형문화유산으로 등재된 태극권은 현재 세계인구의 약 20퍼센트가 수련하며 오늘날 세계에서 가장 인기 있는 운동이 되고 있습니다. 태극권은 원래 무술이어서 처음에는 무술도장에서 배울 수 있었지만 지금은 다양한 기관에서 프로그램을 개설해 운영 중에 있습니다.

'세계 태극권과 기공의 날World TaiChi and Qigong Day'은 1999년에 시작되어 해마다 4월 마지막 토요일 80여 개국이 참가해 태극권 시연, 무료 수업 등 각종 이벤트를 하고 있습니다. 세계 태극권과 기공의 날은 미국 25개 주의 주지사, 캘리포니아, 뉴욕, 푸에르토리코 상원, 브라질 국가 하원의원 및 여러 국가의 공무원에 의해 공식적으로 선포되었습니다. 이 행사의 목표는 다음과 같습니다.

1. 태극권과 기공이 제공하는 건강상의 이점을 보여 주는 새로운 의학연구에 대해 전 세계를 대상으로 교육합니다.
2. 기업, 의료계, 교육, 및 약물 재활에서 이 고대 중국 전통의학

양식의 활용 증가에 대해 교육합니다.
3. 지리적, 정치적 경계를 넘어 건강 및 치유 목적을 위한 협력의 글로벌 비전을 제공하고 전 세계 사람들에게 세계 모든 문화의 지혜를 포용하도록 호소합니다.
4. 태극권과 기공을 세상에 선물한 중국 문화에 대한 고마움을 기념합니다.

2013년 하버드 의과대학은 태극권의 이점에 대한 의학 연구와 관련해 일련의 강의를 시작했습니다. 또한 태극권 프로그램을 꾸준히 개설하고 있으며, 태극권에 관한 연구논문과 관련 출판물이 가장 많은 기관이기도 합니다.

태극권에 대한 연구논문 출판물이 활발하게 이루어지는 국가로는 중국, 미국, 호주, 캐나다, 영국, 한국 순입니다. 관련 연구의 대부분은 스포츠과학, 대체의학, 노인병, 노인학 및 재활에 중점을 둔 저널에 게재되었습니다.[52]

이렇게 해외에서 태극권이 꾸준히 확장되고 있는 비결은 무엇일까요?

태극권은 사무실, 집, 학교, 공원 등 다양한 장소에서 장비가 필요치 않으며 모든 연령대가 할 수 있고, 저렴하고, 공간을 많이 차지하지 않으며, 저강도에서 중강도 정도의 심신 운동이어서 동양과 서양

---

[52] Yanwei You·Leizi Min·Meihua Tang·Yuquan Chen·Xindong Ma, "Bibliometric Evaluation of Global TaiChi Research from 1980-2020"(International Journal of Environmental Research and Public Health, 2021).

에서 모두 호평을 받고 있습니다.

  태극권은 건강 개선에 탁월한 효과가 있음이 오랜 세월을 거쳐 이미 많은 사례와 사람들의 연구에 의해 입증되었습니다. 기업에서는 직원들이 행복하고 편안하며 창의적이 되도록 도와 생산성을 향상시키기 위해 태극권 수련을 사내의 프로그램으로 도입해 행하고 있습니다. 병원이나 보건소에서는 태극권이 거의 모든 상태에 대한 효과적이면서도 비용 효율적인 치료법으로 인식하고 재활수단으로 도입하고 있습니다.

  학교에서 배우는 태극권과 같은 규칙적인 신체 운동은 학생들의 심리적 스트레스와 불안을 해소하고 인내심을 기를 수 있습니다. 학생들에게 신체적, 정신적 건강을 조절하는 운동 습관을 길러 질적 교육과 신체적, 정신적 향상을 위한 효과적 방법입니다.

  태극권은 관절과 근육이 퇴화하는 노인들게도 효과가 뛰어난 운동이며, 심신의 균형이 무너진 갱년기 여성들에게도 권장할만한 운동입니다.

  태극권은 장애와 만성질병이 있는 사람들에게 도움이 되고 같은 동작을 과도하게 연습을 하는 몸을 쓰는 직업을 가진 사람들과 선수들에게 누적된 피로를 풀어 몸의 밸런스를 찾고 유지시켜 심각한 손상을 예방할 수 있습니다. 또한 태극권의 느리고 편안한 움직임은 호흡과 이완을 통해 움직일 때마다 힘이 생기고 통증과 긴장을 완화시킵니다.

  태극권은 몸과 마음을 이완시키고 자세를 바르게 정렬하며 신체를 흐르는 에너지 시스템의 균형을 맞춰 생명 에너지를 제공함으로 써 대부분의 건강 문제의 근본적인 예방과 치료에 바로 가기 때문에 최상의 건강 운동이라고 할 수 있습니다.

태극권은 독특합니다. 무술이면서 건강 양생 방면에도 이렇게 탁월한 부분들이 넘쳐납니다. 이런 이유로 많은 사람들이 태극권을 선호하고 수련하고 있습니다. 태극권은 고대이지만 현대에 이어지고, 동양적이지만 점점 더 서양화되어 갑니다. 사실, 서양 과학이 태극권을 빠르게 수용 발전시키고 있습니다.

이러한 태극권이 우리나라에서도 생활체육으로 일상에서 누구나 하는 국민건강 운동으로 발전, 활성화되고 기업, 학교, 병원, 보건소, 노인건강을 다루는 기관 등 다양한 단체에서 태극권을 알고 적극 활용되기를 바랍니다.

2) 지도자의 양성

① 지도자의 필요성

"경험 있는 선생님의 도움이 있었다면 몇 주 안에 도달할 것을 나는 몇 년이 걸려서야 도달했다."
— 프레더릭 마티아스 알렉산더, 『알렉산더 테크닉, 내 몸의 사용법』 중에서

"내가 너에게 방법을 가르쳐 주지 않으면, 3대에 걸쳐서 수련하고

연구해도 알아낼 수 없을 것이다."

양식태극권의 3대 전인인 양징보 종사가 그의 제자에게 한 말이라고 합니다. 태극권과 같이 오랜 역사를 지닌 운동은 한 개인의 노력으로 만들어 낼 수 있는 것이 아니며, 그런 이유로 배움 없이 스스로의 힘으로 진전을 깨우칠 수 없는 종목입니다.

좋은 스승은 정보의 집약체입니다. 오랜 경험과 학습으로 축적된 방대한 정보에 의해, 마치 구글링Googling으로 필요한 정보를 손쉽게 얻는 것처럼 배우는 사람의 의문에 대한 해답과 거기에 따르는 부수적인 정보까지 이해하기 쉽게 정리해 알려 줄 수 있습니다.

공자孔子가 말씀하신 "술이부작述而不作"이란 말에서 알 수 있는 것과 같이, 인류가 축적해 놓은 방대한 지식의 체계가 이미 존재합니다. 좋은 스승에게 배운다는 것은 오류를 줄일 수 있으며, 배움의 기간을 단축할 수 있습니다. 선조들이 이루어 놓은 성과를 학습해, 조금이라도 빠른 성취를 이루고 거기에 더 높은 성과를 더하는 것이, 다시금 기존의 업적에 도달하기 위해 시간을 낭비하는 것보다 바람직한 태도라고 생각합니다.

올바른 지도자가 필요한 또 다른 이유는 개인의 습관이라는 제약에 의해 본인이 스스로 인식하지 못하는 착오를 교정할 수 있기 때문입니다. 필자의 경험에 의하면, 바른 방법을 알고 있는 사람에게 배우지 않으면, 제대로 걷는 방법뿐 아니라 자신이 제대로 걷지 않고 있다는 것조차 인식하지 못하고 있었다는 것을 알게 되었습니다. 특히 운동은 잘못된 자세와 동작에서 오는 부작용이 뒤따릅니다. 알지 못하는 동작을 혼자의 추측으로 수련하다 의도하지 않은 결과가 뒤따를 수 있습니다. 따라서 수련 초기에는 반드시 좋은 지도자를 통한 바른 자세와 동작을 몸에 익혀야 합니다.

② 올바른 지도자의 양성

90년대 초반 태극권이 정식으로 한국에 유입되었습니다. 그리고 당시 중국의 무협 영화나 김용의 무협소설 등에 열광하던 한국의 시대적 배경에 의해 태극권은 많은 사람들이 배우기를 희망하는 제법 인기 있는 무술 종목 중 하나였습니다.

그러나 30여 년이 지난 현재 태극권은 배움을 희망하던 많은 사람들의 열망에 발맞추어 꾸준히 발전하지 못했을 뿐 아니라 태극권이 가지고 있는 그 많은 장점들에도 불구하고 사람들이 선호하지 않아 몇몇 매니아 층에 의해 명맥을 유지하고 있는 무술 중의 하나가 되어 버린 것이 오늘날 태극권의 현주소입니다.

태극권의 발전을 저해한 가장 큰 요인 중의 하나를 꼽으라고 하면 필자는 올바른 지도자의 부재라 생각합니다. 태극권이 도입되던 초기에는 태극권을 배우기를 희망하는 많은 사람들을 지도할 수 있는 지도자의 수가 부족한 상황이었습니다. 몇몇 발 빠른 사람들은 단지 1주~한 달 정도의 단기 세미나에 참석하거나 혹은 영상자료 등을 통해 독학으로 태극권을 배웠으며 그것을 이용해 태극권을 지도하는 사람들이 적지 않았습니다. 이런 상황에서 부족한 태극권의 이론체계를 '기氣'나 '의념意念'이라는 도교적인 색채를 이용해 보충했으며, 심한 경우에는 태극권을 신비화해 종교 지도자 같은 행세를 하며 금품을 요구하는 자들도 있었다고 합니다. 이런 잘못된 지도로 인해 태극권에 대한 흥미를 잃거나 혹은 금전이나 건강상의 피해 등 부작용을 경험하는 사람들이 적지 않았는데, 이는 사람들로 하여금 점점 태극권에 흥미를 잃게 하는 이유가 되었습니다. 그리고 이런 현상은 현재에도 진행형이라고 할 수 있습니다.

이제는 더 이상 "태극권을 수련하면 기 순환이 잘 되어 건강에 좋습니다."라는 말로 대중들에게 어필할 수 있는 시대는 지나갔다고 생각됩니다. 실기가 아무리 뛰어나도 이론 체계가 갖춰져 있지 않으면 사이비 지도자에게 말로 당하지 못한다고 합니다. 새로운 시대에 발맞춘 설득력 있는 이론 체계를 세우고 그에 맞는 실기 능력을 구비해야 하며, 시대가 요구하는 올바른 품성을 갖추어야 비로소 태극권이 많은 사람들로 하여금 다시 태극권에 눈을 돌리는 원동력이 될 것입니다.

스승이신 범덕신 노사는 태극권에 대해 '철학', '과학', '예술', '기격', '양생', '사회성' 등을 내포하는 훌륭한 전통문화라고 말씀히 셨습니다. 이 책에서 계속 이야기하고 있는 기격과 양생이 합치되는 방면 외에도, 누구라도 한번 보게 되면 감탄을 하게 되는 아름다운 동작 그리고 동작에 내포되어 있는 동양문화 전반을 아우르는 음양상제의 전통철학과 지레원리로 대표되는 과학적인 사유, 마지막으로 원만한 대인관계를 이끌어 낼 수 있는 사회성 등 태극권의 발전적인 미래를 위해서는 위의 여섯 가지 항목에 대한 전인적인 교육이 이루어져야 할 것입니다.

'가장 한국적인 것이 가장 세계적인 것'이라는 구호를 조금 바꾸어 '가장 전통적인 것이 가장 현대적인 것'이라고 말하고 싶습니다. 오래된 무술인 태극권의 이론은 현대의 스포츠에서 발전시킨 이론체계에 비해 더욱 과학적이며, 현대 스포츠에 비해 더욱 인간의 생리에 부합됩니다. 이제 이 훌륭한 동양의 전통문화가 더 책임감 있고 사명감 넘치는 진실한 젊은이들에 의해 더 온전한 모습으로 바르게 전승될 수 있기를 희망합니다.

제4장

B·T 태극권 기본체조

> "모든 인간은 자신의 건강 혹은 자기의 병의 저작자다."
>
> - 붓다

1. B·T 태극권 기본체조

0) 예비세預備勢

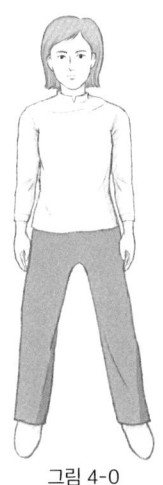

그림 4-0

예비 자세는 B·T 태극권을 수행하기 위한 기본자세로, 수련 전후의 준비를 위한 신체의 정렬을 맞춘 상태를 말합니다.

① 먼저 전신에 긴장을 풀고 이완된 상태를 유지하며 미소 띤 얼굴로 시선은 정면을 응시합니다.
② 양발은 11 자를 이루어 나란히 바닥을 딛고 서며, 체중은 뒷꿈

치에 두고 발가락은 가볍게 땅을 움켜잡는 형태를 만들며, 이 때 체중은 양발에 균등하게 분배합니다. 양 발의 폭은 골반(어깨)과 같은 넓이를 유지합니다. 전반적인 몸의 자세는 일반적인 차렷 자세를 유지하되, 근육의 긴장을 이용하는 자세와 달리 전신이 긴장과 이완의 균형을 이루는 상태를 유지합니다.

③ 머리는 살짝 들어 올린 후, 후방으로 당겨 목덜미를 옷깃에 붙이는 느낌을 갖고, 턱은 지면과 수평을 이루게 되는데, 마치 정수리에 물건을 얹어놓은 것과 같은 형상을 만듭니다. 만약 바른 자세를 유지하지 못한다면 경추에 많은 부담이 가게 되어, 몸 전체의 정렬을 만드는 데 방해가 되므로 마땅히 주의를 기울여야 합니다.

④ 가슴은 너무 내밀지도 않으며 또한 너무 과하게 오므리지도 않아야 하고, 아랫배와 엉덩이에는 힘을 써서 항문과 횡경막을 위로 들어 올리는 듯한 느낌을 가져야 하며, 골반이 전방으로 15도가량 기울어진 형태를 유지합니다. 대퇴부에 긴장을 만들어 무릎이 밖으로 벌어지지 않게 유지하며, 전신의 근육은 신진혜 몸을 유지하는 골격의 관절 사이사이가 벌어져 공간을 확보한다는 느낌을 갖고, 양팔은 상지인 어깨에 끈으로 묶어서 매달아 놓은 것 같은 형태로 자연스럽게 늘어뜨려 이완시킵니다. 정면에서 보면 양쪽 눈, 양어깨 그리고 양쪽 고관절과 무릎이 지면과 수평을 유지하며, 측면에서 관찰하면 백회혈에서 귀, 어깨, 고관절, 무릎, 복숭아뼈가 수직선상에 위치하는 형태를 이루게 합니다.

효과

바른 자세를 유지하게 되면, 지구 중력의 영향을 가장 효율적으로 극복하는 형태를 이루게 되어 전신의 근골격계가 최소한의 부담을 갖게 되어 바른 체형을 유지하게 되며, 신체 내부의 공간이 확보되어 기관과 조직의 기능이 활발하게 작용합니다. 또한 그로 인해 전신의 근육긴장이 해소되며, 호흡이 원활해지고 심신이 안정되며 기혈의 순환이 원활해져 피로감이 감소하게 됩니다.

1) 무릎 굽혀펴기

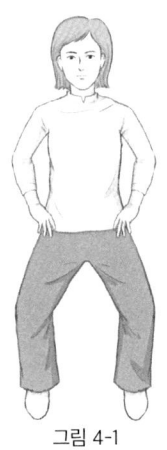

그림 4-1

① 바른 자세로 섭니다(그림 4-0, 예비세 참조).

② 몸을 바르게 세운 상태를 유지하며, 상체가 앞으로 숙여지지 않게 유지하며 무릎을 구부려 중심을 수직으로 떨어뜨립니다. 가슴이나 엉덩이가 튀어 나오지 않게 주의 하며, 무릎은 발끝을 초과해 나가지 않게 주의합니다. 양손은 고관절 옆에 위치합니다(그림 4-1).
③ 무릎을 펴서 상체를 다시 바르게 세웁니다(그림 4-0).
④ 위의 동작을 10회 반복합니다.

효과

고관절의 위치를 바로잡아 인대와 근육이 원래의 위치에서 힘을 쓸수 있게 도와주며, 고관절, 무릎, 허리의 근육이 부드러워 지고, 잘못된 자세로 인한 관절의 통증을 감소시킵니다. 대퇴부 근육이 튼튼해지고, 바른 자세를 갖게 됩니다.

2) 등 뒤로 깍지끼고 발뒤꿈치 들어 올리기

① 손을 등 뒤로 돌려 양손을 깍지를 낍니다(그림 4-2-1).
② 위의 자세에서 양발의 뒤꿈치를 들어 올립니다(그림 4-2-2).
③ 뒤꿈치를 바닥에 디딘 후, 다시 들어 올리는 동작을 10회 반복합니다.
※ 등 뒤에 깍지 낀 손 모양은 그림 4-2-3을 참조합니다.

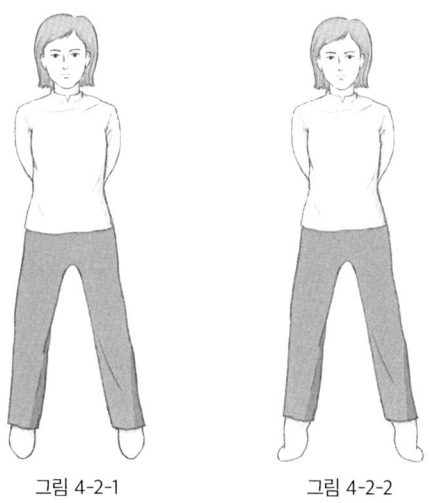

그림 4-2-1   그림 4-2-2

그림 4-2-3

효과

거북목과 굽은 등의 자세 교정, 종아리 근육 단련으로 혈액순환을 향상시키고 흉강을 확장시켜 심폐능력이 향상됩니다. 발가락 힘을 강화하고 심장과 폐를 이완시켜 몸이 편안해지고 신체의 각 기관의 활동이 활발해집니다.

3) 머리 위로 팔꿈치 잡고 옆구리 운동

그림 4-3-1   그림 4-3-2   그림 4-3-3

① 양손을 머리 위로 올려 팔꿈치를 잡습니다(그림 4-3-1).
② 몸을 왼쪽으로 눕힌다. 이때 몸이 전방으로 기울어지지 않게

주의합니다(그림 4-3-2).

③ 다시 몸을 오른쪽으로 눕힙니다(그림 4-3-3).

④ 좌우로 6회씩 반복합니다.

효과

안으로 말린 등을 펴 줍니다. 어깨와 목 결림이 개선되며, 겨드랑이 림프절이 부드러워집니다.

4) 머리 위로 깍지끼고 고개 젖히기

① 양손을 좌우 어깨높이로 들어 올립니다(그림 4-4-1).

② 무릎을 구부려 쪼그려 앉으며, 양손은 종아리 앞에서 깍지를 끼웁니다(그림 4-4-2).

③ 무릎을 펴고 일어나며 양손은 깍지를 낀 상태로 가슴 앞까지 들어 올립니다(그림 4-4-3).

④ 양손을 머리 위로 밀어 올리며, 고개를 최대한 뒤로 젖힙니다 (그림 4-4-4).

⑤ 양손을 좌우로 벌리며 내립니다(그림 4-4-1).

⑥ 위의 동작을 10회 반복합니다.

그림 4-4-1 그림 4-4-2

그림 4-4-3 그림 4-4-4

효과

몸 전체의 기운이 원활하게 순환됩니다. 어깨 관절이 부드러워 지고, 전신의 혈액순환이 촉진됩니다. 척추를 늘려 주어, 주변 근육과 인대 그리고 관절이 이완되며, 경추질환이 예방됩니다.

5) 나무 자세에서 몸통 돌리며 팔 벌리기

① 바르게 선 상태에서 양팔을, 머리 위로 들어 올립니다(그림 4-5-1).
② 몸통을 우측으로 90도 회전하며, 동시에 양손을 전후방을 향하게 내립니다(그림 4-5-2).
③ 다시 몸통을 좌측으로 90도 회전해 정면을 향하며, 양손을 머리 위로 들어 올립니다(그림 4-5-1).
④ 몸통을 좌측으로 90도 회전하며, 동시에 양손을 전후방을 향하게 내립니다(그림 4-5-3(측면도)).
⑤ 위의 동작을 좌우 6회씩 반복합니다.

효과

허리, 어깨, 무릎관절이 좋아집니다. 하복부의 내장 기관의 운동을 도와 소화배설능력을 향상 시키고 전신에 기운이 잘 소통됩니다.

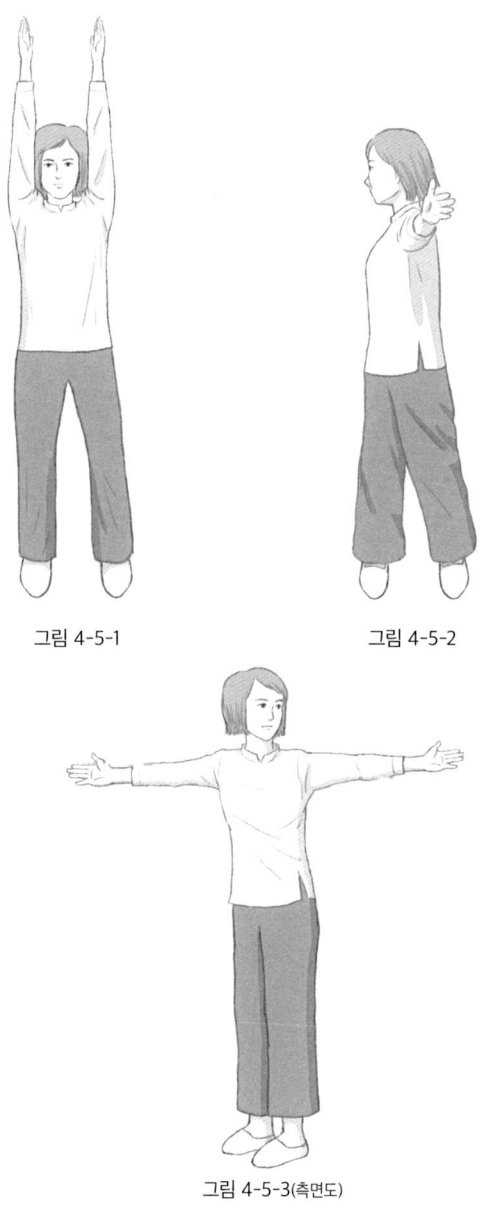

그림 4-5-1   그림 4-5-2

그림 4-5-3(측면도)

6) 양팔 모았다 펴기

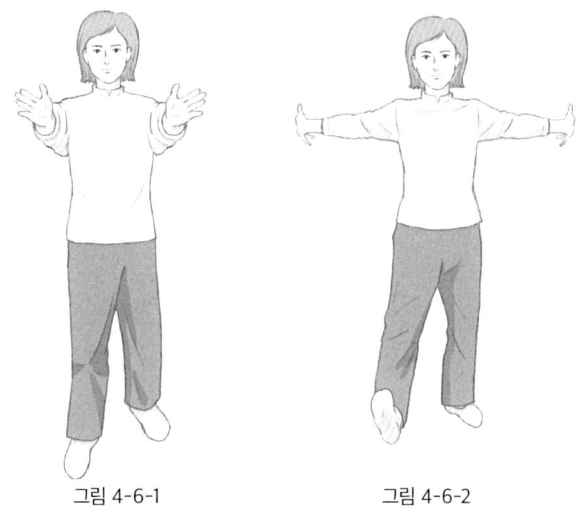

그림 4-6-1   그림 4-6-2

① 오른발을 한 걸음 앞으로 디뎌 무릎을 구부리고 뒷발은 무릎을 펴서 궁보 자세를 만듭니다. 동시에 양손은 엄지손가락이 하늘을 향하게 하며 어깨너비를 유지하며 가슴 앞으로 들어 올립니다(그림 4-6-1).
② 체중을 왼발로 옮기며 오른발의 발끝을 세운 자세를 만듭니다. 동시에 양손은 새가 날개짓을 하듯 좌우로 펼칩니다(그림 4-6-2).
③ 6회 반복한 후, 다리를 바꿔서 6회 반복합니다.
※ ②번 동작을 수행할 때 손목을 손등 쪽으로 최대한 젖혀 줍니다.

효과

발목과 대퇴근육 햄스트링 그리고 무릎을 굽히는 힘을 강화합니다. 발목의 힘을 강화해 균형 잡는 능력을 증가시키며 팔다리의 근육량을 증가시키고, 혈액순환을 원활하게 합니다.

7) 허리 숙였다 팔 돌려 몸통 젖히기

그림 4-7-1   그림 4-7-2   그림 4-7-3

① 손바닥이 정면을 향하게 해, 양손을 머리 위로 들어 올립니다 (그림 4-7-1).

② 허리를 편 상태로 몸을 앞으로 숙여 손바닥을 바닥에 붙입니다 (그림 4-7-2).

③ 몸을 세우며 양손을 뒤로 원을 그리며 허리를 젖힙니다(그림 4-7-3).

④ 양손을 계속 원을 그리며 머리 위로 들어 올려 그림 4-7-1번 자세로 돌아갑니다.

⑤ 위의 동작을 10회 반복합니다.

※ ②번 동작에서 손바닥이 바닥에 닿지 않으면, 종아리에 붙여도 상관없습니다.

※ ③번 동작에서 몸을 세울 때, 무릎을 굽혔다 펴면서 일어납니다.

효과

허리의 근력을 강화해 신장기능을 강화시킵니다. 허리 등 다리의 유연성이 향상됩니다.

8) 어깨 돌리기 운동

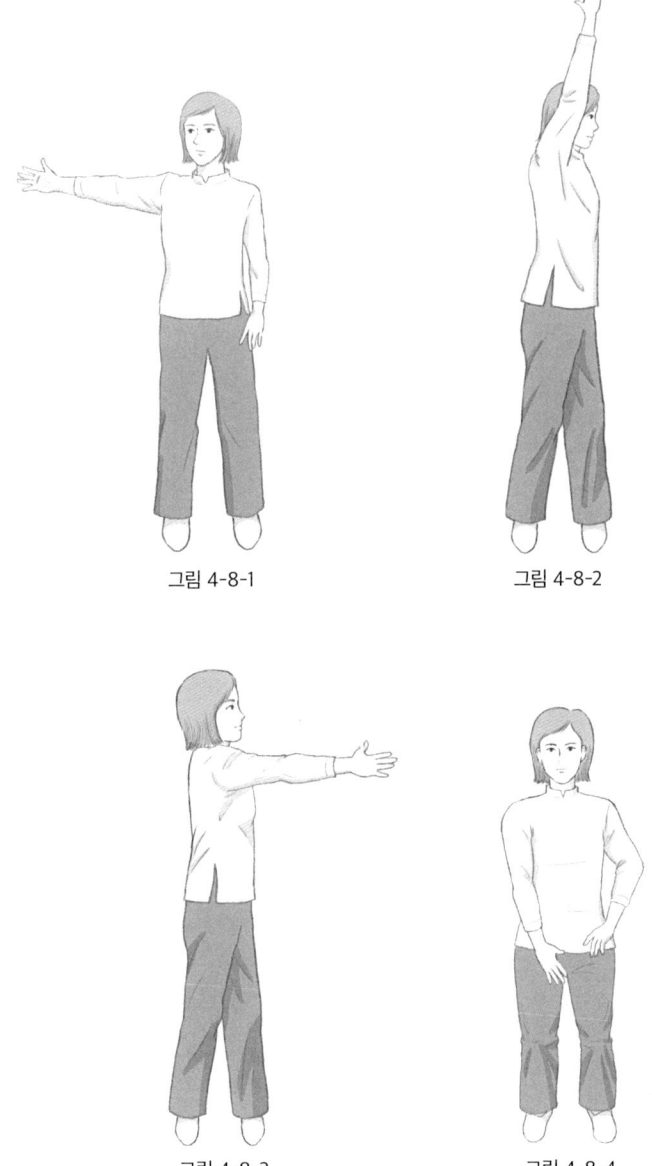

그림 4-8-1   그림 4-8-2

그림 4-8-3   그림 4-8-4

① 예비자세에서 오른팔을 우측으로 가슴 높이까지 들어 올립니다(그림 4-8-1).
② 계속해서 오른팔을 원을 그리며 머리 위까지 들어 올리며 동시에 몸통은 왼쪽으로 회전합니다(그림 4-8-2).
③ 오른팔을 계속 회전해 좌측 가슴 높이에 이릅니다(그림 4-8-3).
④ 무릎을 살짝 구부려 앉으며 몸을 우측으로 회전해 정면을 향합니다. 동시에 오른팔을 계속 회전해 아랫배에 이르며, 손바닥은 몸통을 향합니다(그림 4-8-4).
⑤ 무릎을 펴서 바르게 서며, 오른팔은 계속 회전해 그림 4-8-1과 같이 우측 측면으로 들어 올립니다.
⑥ 10회 반복한 후, 왼손 역시 10회 반복합니다.

효과

기혈순환을 원활하게 도와주며, 다리의 근력을 강하게 해 주어 부종을 방지해 줍니다. 어깨관절을 부드럽게 해 주며 전신에 활력이 생깁니다.

9) 뒤꿈치로 엉덩이 차기

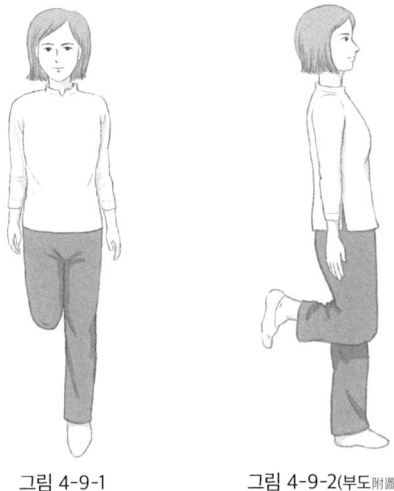

그림 4-9-1   그림 4-9-2(부도附圖)

① 바른 자세로 섭니다(그림 4-0, 예비세 참조).

② 오른쪽 무릎을 구부려 뒤꿈치로 엉덩이를 찹니다(그림 4-9-1, 그림 4-9-1(부도附圖)).

③ 좌우 번갈아 가며 10회씩 연습합니다.

※ 엉덩이를 차는 동작은 탄성을 가지고 강하게 행하며, 발목은 펴지 않고 발등 쪽으로 굽힌 상태를 유지합니다.

효과

장시간 앉아 있는 자세에서 발생하는 엉덩이 부위 근육의 눌림과 긴장을 풀어 주며, 다리까지 연결된 신경과 근육을 강화해 다리의 피곤을 해소합니다.

10) 팔 벌리며 좌우로 고개 돌리기

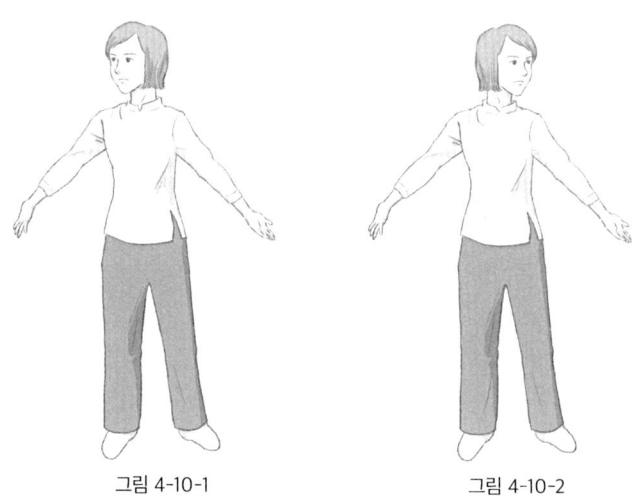

그림 4-10-1   그림 4-10-2

① 바른 자세로 섭니다(그림 4-0, 예비세 참조).
② 양팔을 좌우로 45도가량 들어 올린 후, 엄지손가락이 후방을 향하도록 손을 비틉니다. 동시에 고개를 바르게 유지하며 오른쪽으로 돌립니다(그림 4-10-1).
③ 예비자세로 돌아온 후 다시 양팔을 비틀어 벌리며, 고개를 왼쪽으로 돌립니다(그림 4-10-2).

④ 좌우 각 6회씩 반복합니다.

효과

어깨와 목 부위 근육을 이완시키며, 흉강과 복강 내부의 장기 기능을 활발하게 해 줍니다. 뇌를 향하는 혈액의 순환을 도와 머리를 맑게 해 주고, 피로 해소에 도움을 줍니다.

제5장

B·T 태극권 투로

> "하루 연습하면 하루치의 공력이 쌓이고
> 하루를 쉬면 열흘치의 공력을 잃는다.
> 一日練一日功, 一日不練十日空."
>
> - 중국 격언

1. B·T 태극권 투로의 이해

1) B·T 태극권 투로 의의

심心, 의意, 기氣, 력力은 내가삼권內家三拳(태극권, 형의권, 팔괘장)에서 내삼합內三合이라는 인체 내면의 에너지를 통합시키는 원리를 설명할 때 사용하는 용어들입니다.

중국 무술에는 동음이어同音異語를 사용해 의미를 전달하는 경우가 있습니다. 문자 이전에 언어가 있었습니다. 그리고 동일한 발음을 가진 다른 글자로 동일한 뜻을 전달하기 위한 대표적인 글자가 '掤(붕; peng, bing)'입니다.

태극권의 13세勢에서는 '掤(붕; peng)'이란 글자를 사용하며, 형의권의 오행권 중 3번째 동작인 '崩拳(붕권)'에서 '崩(붕; beng)'이란 글자를 사용합니다. 중국어의 방언을 고려하면 모두 비슷한 발음으로 차음借音해 의미를 전달하는 것이 목적이라고 할 수 있습니다.

'掤(붕)'이란 글자는 수련에 의해 형성되어 있는 내적인 에너지를 뜻하는 말로, 진식태극권에서는 전사경纏絲勁을 지칭하며, 형의권에서는 동양의 전통사상인 오행五行의 원리에 입각해 '木(목: 장기臟器에서는 간에 대입되며, 사물로는 나무, 계절은 봄철, 색은 파란색)' 기운을 나타내는 의미(전사경이 나선형태의 운동 형식을 지칭하는 것과, 영어에서 봄을 나타내는 단어가 spring인 것이 흥미롭습니다)를 가집니다.

기타 권종에서는 내경內勁 혹은 혼원력混元力 등의 용어를 사용해 표현하기도 합니다.

내삼합을 설명하기 위한 용어 중, '心(심; xin)'은 '形(형; xing)'이라는 단어로 대응되어 사용되는데, 내가권 중의 한 종류인 형의권形意拳의 원래 이름이 심의권心意拳이었다는 것에서, '心(심)'에는 '形(형)'의 의미가 포함되어 있다는 것을 유추할 수 있습니다.

즉 '心(마음, 생각)'은 '形(형상, 실태)'으로 드러나는 것이며, 형태는 그 고유의 의지意(뜻, 의미, 생각)에 의해 기능이 발현됩니다. 우리가 흔히 말하는 체용설體用說의 비유처럼 컵은 물을 담는 용도이며, 접시는 음식을 담는 용도로 형태가 만들어져 있습니다. 만약 접시에 물을 담아 마시려고 한다면, 그것은 본래의 의도意에서 멀어지게 되어 접시가 가지고 있는 고유의 기능을 다하지 못하는 결과를 가져오게 됩니다. 어떤 형체냐에 따라 그 용도가 구현되는 것입니다.

현대사회가 고령화됨에 따라 고령자를 위한 운동 프로그램이 많이 개발되고 활성화되고 있습니다. 몇 년 전 TV 방송에서 고령자를 위한 레슬링 교실이 개설되었다는 뉴스를 본 적이 있었습니다. 고령자를 대상으로 레슬링을 지도하는 모습이 영상으로 소개되었는데, 아연실색하지 않을 수가 없었습니다. 영상 속의 레슬링 동작들이 고령자들을 대상으로 진행되는 운동 프로그램으로 적합해 보이지도 않았을 뿐만 아니라 부상의 위험이 도처에 도사리고 있었기 때문이었는데, 다행히도 고령자를 위한 레슬링 교실 소개는 그 이후로 접할 수가 없었습니다.

모든 종목의 운동 형태에는 각각에 맞는 목적이 있습니다. 근력을 기르기 위한 운동 종목으로는 유연성을 기를 수 없을 것이며, 유연성을 위한 운동은 근력을 발달시키기에 어려움이 있습니다. 의도에 부합되지 않는 운동 프로그램을 선택하는 것은 100미터 달리기 대회에 참가하기 위해 나무늘보의 동작을 익히는 것과 같습니다.

태극권이 가지는 고유의 운동 형식은 태극권의 동작을 수행할 때만 가능한 것입니다. 따라서 태극권을 수행해서 얻을 수 있는 운동 효과 역시 오직 태극권 동작을 연습할 때만 얻을 수 있습니다. 이는 내가삼권으로 불리는 형의권이나 팔괘장과도 구분되는 것으로, 태극권의 자세와 동작은 느긋한 운동 형식을 구현해 내기 위한 필연적인 조건이었던 것입니다.

태권도나 무에타이 등의 운동을 느린 동작으로 행한다고 해서 태극권 수련에서 얻을 수 있는 효과가 생기지 않는데, 그것은 앞에 설명한 '形(형)'과 '意(의)'의 불일치에 의한 것입니다.

B·T 태극권의 모든 동작은 앞서 설명한 바와 같이 자연계에서 생존을 위해 선택된 가장 안정적인 구조인 텐세그리티에 기반을 두고, 인체에 구현할 수 있는 가장 견고하면서, 가장 안정되고 편안한 상태인 신체의 형태를 유지하는 데 도움이 될 수 있는 동작들로 구성되어 있습니다.

B·T 태극권은 지지근을 기반으로 긴장 속의 안정감을 추구하기 위해 이완을 요구합니다. 다만 이완은 무기력하게 무너지는 자세를 요구하는 것은 아닙니다. 이러한 운동은 요가 등의 운동에서 요구하

는 스트레칭 동작과는 결이 다릅니다. B·T 태극권은 신체의 모든 결합조직들을 자연스럽게 연결하고 불필요한 긴장을 풀어 주어 심신의 안정을 도모하는 것으로 이러한 운동은 스트레스를 유발하지 않으며 항상 최상의 컨디션을 유지하게 합니다. B·T 태극권을 수련하는 시간은 내 몸에 활력을 불어넣는 시간이 될 것입니다.

2) B·T 태극권 투로 구성

　B·T 태극권의 투로는 모두 16개의 '式(식)'으로 구성되어 있습니다.
　기본적으로 양식태극권의 동작을 토대로 했으며 진식과 손식태극권의 동작을 일부 채용해 구성했습니다.
　식명式名 역시 원래의 식명을 따랐으나, 수련자의 이해를 돕기 위해 일부 식명을 개변했습니다.
　바쁜 현대인들의 생활을 고려해 수련 시간이 많이 필요치 않도록 짧게 구성되어 있으며, 배우기 쉬운 동작들로 구성했습니다. 그리고 텐세그리티의 이론을 더 치밀하게 적용해 신체의 전위적인 단련이 될 수 있도록 했습니다.
　운동 강도는 각자의 체력에 맞추어 높낮이의 고高·중中·저低, 그리고 동작의 대大·중中·소小로 구분해 연습할 수 있습니다. 운동 강도는 높이가 낮고 동작을 크게 하면 높고, 높이가 높고 동작이 작으면 낮습니다.

B·T 태극권 식명은 다음과 같습니다.

1식 기세起勢

2식 우붕세右掤勢

3식 운수雲手

4식 단편單鞭

5식 천지룡穿地龍

6식 좌금계등각左金鷄蹬脚

7식 우금계등각右金鷄蹬脚

8식 도권굉倒卷肱

9식 전신추장轉身推掌

10식 옥녀천사玉女穿梭

11식 격지추擊地捶

12식 우전신제右轉身擠

13식 반란추搬攔捶

14식 쌍추수雙推手

15식 십자수十字手

16식 수세收勢

2. B·T 태극권 투로

0) 예비세預備勢

그림 5-0

요령

예비 자세는 B·T 태극권을 수행하기 위한 기본자세로, 수련 전후의 준비를 위한 신체의 정렬을 맞춘 상태를 말합니다. 기타 사항은 B·T 태극권 기본체조편의 예비세를 참조하시기 바랍니다(그림 5-0 참조).

1) 1식 기세起勢

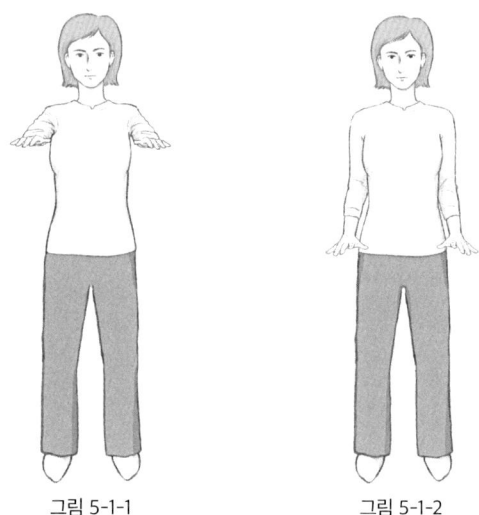

그림 5-1-1   그림 5-1-2

① 바른 자세에서 손바닥이 지면을 향하게 한 채 양손을 어깨 높이까지 들어 올립니다. 양손의 폭은 어깨너비를 유지합니다(그림 5-1-1 참조).

② 양손을 살짝 몸통 쪽으로 끌어당긴 후 양손을 아래로 누르듯이 내립니다. 양손의 높이는 고관절과 같습니다(그림 5-1-2 참조).

2) 2식 우붕세 右掤勢

그림 5-2

① 무릎을 살짝 구부려 소정마보 小正馬步를 이룹니다. 동시에 오른손의 손바닥이 몸통을 향하게 하고, 팔뚝을 가슴 앞으로 들어 올리되 수평으로 들어 올려 붕세 掤勢를 만듭니다. 왼손은 원래의 상태에서 주먹 하나의 폭으로 왼쪽으로 벌립니다(그림 5-2 참조).

3) 3식 운수雲手

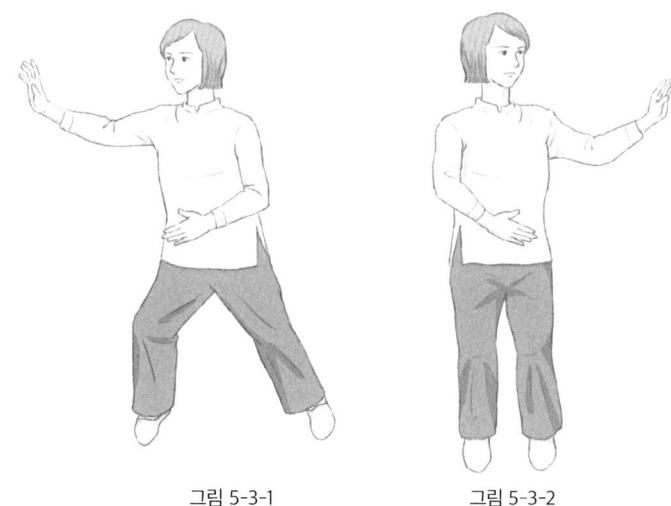

그림 5-3-1　　　　　그림 5-3-2

① 중심을 오른발로 이동한 후 왼발을 측면으로 어깨너비 두 배의 폭으로 벌립니다. 동시에 오른손은 손끝을 얼굴 높이로 들어 올려 우측으로 호선을 그리며 움직이고, 왼손은 아래쪽으로 호선을 그리며 배꼽 앞으로 움직입니다(그림 5-3-1 참조).
② 중심을 왼쪽으로 옮긴 후 오른발을 주먹 하나의 폭으로 왼발 옆으로 이동합니다. 동시에 왼손은 위로 들어 올린 후 왼쪽으로 호선을 그리며 움직이고, 오른손은 아래쪽을 거쳐 배꼽 앞으로 호선을 그리며 이동합니다(그림 5-3-2 참조).
③ ①과 ②의 동작을 2회 반복합니다.

4) 4식 단편單鞭

그림 5-4-1   그림 5-4-2

① 오른손을 얼굴 앞까지 들어 올린 후 손끝을 가지런히 모아 구수를 만들어 우전방으로 호선을 그리며 이동합니다. 왼손은 호선을 그리며 오른쪽 가슴 앞으로 이동합니다. 동시에 중심을 오른발로 이동한 후, 왼발을 오른발 옆으로 이동해 정보T步를 이룹니다(그림 5-4-1 참조).

② 왼발을 어깨너비 두 배의 폭으로 좌측으로 이동해 좌궁보로 바꿉니다. 동시에 왼손을 아치형을 유지하며 왼쪽으로 회전한 후, 좌전방을 향해 장掌을 밀어냅니다(그림 5-4-2 참조).

5) 5식 천지룡 穿地龍

그림 5-5-1   그림 5-5-2

① 중심을 오른발로 이동하며 동시에 왼손을 호선을 그리며 오른쪽 가슴 앞으로 거두어들입니다(그림 5-5-1 참조).

② 허리를 떨구어 우부보右仆步를 만듭니다. 동시에 왼손 손끝을 좌전하左前下방을 향해 이동합니다(그림 5-5-2 참조).

6) 6식 좌금계등각 左金鷄蹬脚

그림 5-6-1

그림 5-6-2

그림 5-6-3

① 앞 식에서 몸을 일으키며 중심을 왼발로 옮겨 우궁보右弓步를 이룹니다. 동시에 오른손은 구수를 유지한 채 오른쪽 둔부 후방으로 이동하고, 왼손은 손끝을 세워 가슴 앞으로 치켜세웁니다(그림 5-6-1 참조).

② 무게 중심을 완전히 왼발로 옮겨 독립보獨立步를 이루며, 오른발 바닥을 앞으로 밀어 찹니다. 동시에 오른손은 손끝을 세워 명치와 코를 거쳐 머리 위로 들어 올리고, 왼손은 손바닥이 지면을 향하게 해 왼쪽 고관절 측면으로 내리 누릅니다(그림 5-6-2 참조).

③ 오른발을 왼발 측면으로 디뎌 소정마보小正馬步를 이루며, 동시에 오른손도 손바닥이 지면을 향하게 한 채 오른쪽 고관절 측면으로 내리 누릅니다(그림 5-6-3 참조).

7) 7식 우금계등각 右金鷄蹬脚

그림 5-7-1   그림 5-7-2

① 왼발바닥을 진방을 향해 밀어 찹니다. 동시에 왼손은 손끝을 세워 명치, 코를 지나 머리 위로 들어 올리고, 오른손은 손바닥이 지면을 향하게 해 우측 고관절 측면으로 내리 누릅니다(그림 5-7-1 참조).

② 왼발을 오른발 측면으로 디뎌 소정마보 小正馬步를 이루며, 동시에 왼손 역시 손바닥이 지면을 향하게 해 좌측 고관절 측면으로 내리 누릅니다(그림 5-7-2 참조).

8) 8식 도권굉 倒卷肱

그림 5-8-1   그림 5-8-2

그림 5-8-3   그림 5-8-4

① 오른발 발끝을 외측으로 45도 회전하고, 왼발 발끝을 오른발 옆에 디뎌 정보丁步를 이룹니다. 동시에 왼손은 손바닥이 하늘을 향하게 해 가슴 앞으로 들어 올리고, 오른손은 손바닥이 하늘을 향하게 해, 우후방 대각선을 향해 눈썹 높이로 들어 올려 양손을 전후방으로 펼친 자세를 만듭니다(그림 5-8-1 참조).

② 왼발을 좌측 대각선 방향으로 퇴보해 좌반마보左半馬步를 이룹니다. 동시에 오른손은 턱을 지나 가슴 앞으로 손바닥을 밀어내고, 왼손은 좌측 하복부를 향해 호선을 그리며 움직입니다(그림 5-8-2 참조).

③ 오른발을 왼발 측면으로 이동해 정보丁步를 이룹니다. 동시에 오른손은 손바닥을 뒤집어 하늘을 향하게 하고, 왼손은 좌측 하복부에서 좌후방 대각선 방향을 향해 호선을 그리며 움직입니다(그림5-8-3 참조).

④ 오른발을 우측 대각선 방향으로 퇴보해 우반마보右半馬步를 이룹니다. 동시에 왼손은 턱을 지나 가슴 앞으로 손바닥을 밀어내고, 오른손은 좌측 하복부를 향해 호선을 그리며 움직입니다(그림5-8-4 참조).

9) 9식 전신추장 轉身推掌

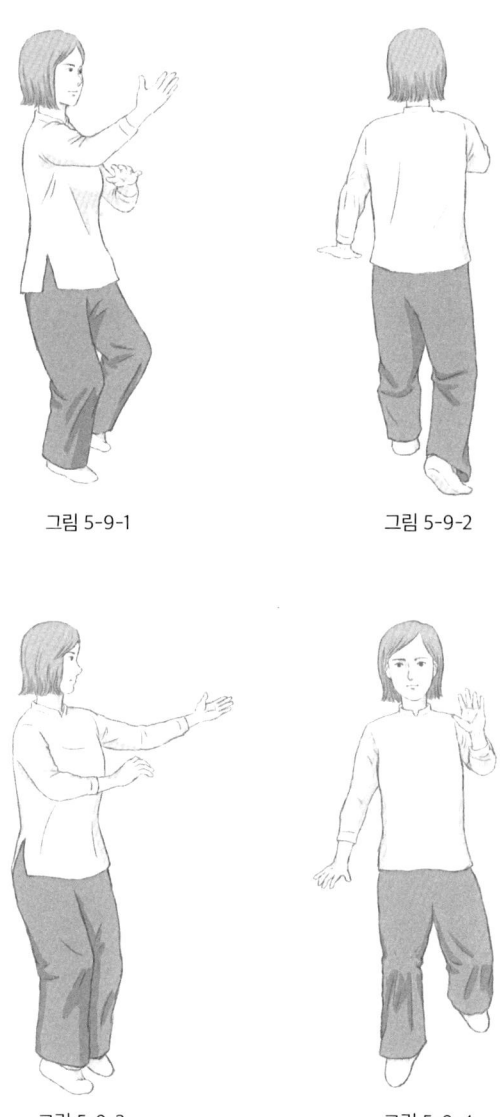

그림 5-9-1   그림 5-9-2

그림 5-9-3   그림 5-9-4

① 왼발을 오른발 좌측후방 대각선 방향으로 이동해 디딘 후, 오른발 발끝을 내측으로 회전해 딛고 다시 왼발 뒷꿈치를 들어 정보丁步를 이룬다. 동시에 왼손은 가슴앞으로 이동하고, 오른손은 우전방 대각선 방향을 향해 눈썹 높이로 들어 올린다(그림 5-9-1 참조).

② 몸을 좌측으로 90도 회전해 왼발을 한 걸음 내딛습니다. 오른발을 왼발의 움직임에 따라가며 뒷꿈치를 들어 올리고 무릎은 지면을 향해 떨어뜨립니다. 동시에 왼손은 좌측 무릎 위쪽을 쓸어 내며 왼발 대퇴부 측면으로 이동하고, 오른손은 가슴 앞으로 밀어냅니다(그림 5-9-2 참조).

③ 오른발 뒷꿈치를 내측으로 틀어 딛고, 다음 왼발의 발끝 역시 내측으로 회전해 지면을 디딘 후 오른발을 왼발 측면으로 이동해 정보丁步를 이룹니다. 동시에 오른손은 가슴 앞으로 이동하고 왼손은 좌전방 대각선 방향으로 손바닥을 들어 올립니다(그림 5-9-3 참조).

④ 몸을 우측으로 90도 회전하며 오른발을 내딛습니다. 왼발은 오른발의 움직임에 따라 이동해 무릎을 떨어뜨리고 뒤꿈치를 들어 올립니다. 동시에 오른손은 손바닥이 지면을 향하게 해 오른발 대퇴부 위쪽을 쓸어 내며 대퇴부 측면으로 이동하고, 왼손은 손바닥을 정면을 향하게 해서 가슴 앞으로 밀어냅니다(그림 5-9-4 참조).

10) 10식 옥녀천사 玉女穿梭

그림 5-10-1 그림 5-10-2

그림 5-10-3 그림 5-10-2

① 왼발을 오른발 좌전방 대각선 방향을 향해 어깨너비 폭으로 이동한 후 오른발을 왼발 내측으로 이동해 정보丁步를 이룹니다. 동시에 양손은 가슴 앞에서 공을 하나 끌어안은 형태(포구식抱球式)를 이룹니다(그림 5-10-1 참조).

② 오른발을 우측 대각선 방향으로 한 걸음 내디뎌 우궁보右弓步를 이룹니다. 동시에 오른손은 호손을 그리며 가슴과 얼굴을 지나 머리 위로 들어 올리고, 왼손은 좌측 가슴 앞으로 이동한 후, 전방으로 밀어냅니다(그림 5-10-2 참조).

③ 왼발을 오른발 내측으로 이동해 정보丁步를 이룹니다. 동시에 양손은 가슴 앞에서 공을 끌어안은 형태인 포구식을 이룹니다(그림 5-10-3 참조).

④ 왼발을 좌전방으로 디뎌 좌궁보左弓步를 이룹니다. 왼손은 호선을 그리며 가슴과 얼굴을 지나 머리 위로 들어 올립니다. 동시에 오른손은 가슴 앞으로 밀어냅니다(그림 5-10-4 참조).

11) 11식 격지추擊地捶

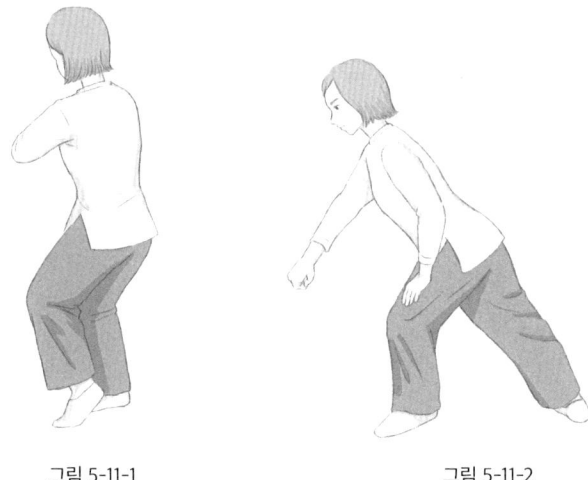

그림 5-11-1 　　　　　　　그림 5-11-2

① 오른발을 왼발 옆으로 이동한 후 중심을 오른발로 옮기고 왼발을 오른발 내측으로 이동해 정보丁步를 이룹니다. 동시에 왼손은 가슴 앞으로 이동하고, 오른손은 우전방 대각선 방향 눈썹 높이로 들어 올립니다(그림 5-11-1 참조).

② 왼발을 앞으로 디뎌 좌궁보左弓步를 이룹니다. 동시에 몸을 앞으로 숙이며, 왼손은 좌측 대퇴부 위를 쓸어 내며 대퇴부 측면으로 이동하고 오른손은 주먹으로 바뀌어 턱을 지나 전하방을 향해 주먹을 밀어냅니다(그림 5-11-2 참조).

12) 12식 우전신제 右轉身擠

그림 5-12

① 왼발 발끝을 내측으로 회전한 후 오른발을 오른쪽 옆으로 이동해 우궁보右弓步를 이룹니다. 동시에 몸을 후방을 향해 우측으로 회전하며 오른손 팔뚝을 가로로 세워 전방으로 밀어내며, 왼손 손바닥은 오른팔 내측에 덧대어 오른팔을 보조합니다(그림 5-12 참조).

13) 13식 반란추搬攔捶

그림 5-13-1 그림 5-13-2

① 오른발 발끝을 오른쪽으로 벌리고 왼발을 전방으로 디뎌 반마보半馬步를 이룹니다. 동시에 오른손은 주먹으로 바꿔 호선을 그리며 오른쪽 측면으로 이동 후 오른쪽 허리로 이동합니다. 동시에 왼손은 손끝을 세워 가슴 앞으로 밀어냅니다(그림 5-13-1 참조).

② 체중을 왼발로 옮겨 좌궁보左弓步를 이룹니다. 동시에 오른 주먹을 가슴 앞으로 밀어냅니다(그림 5-13-2 참조).

14) 14식 쌍추수雙推手

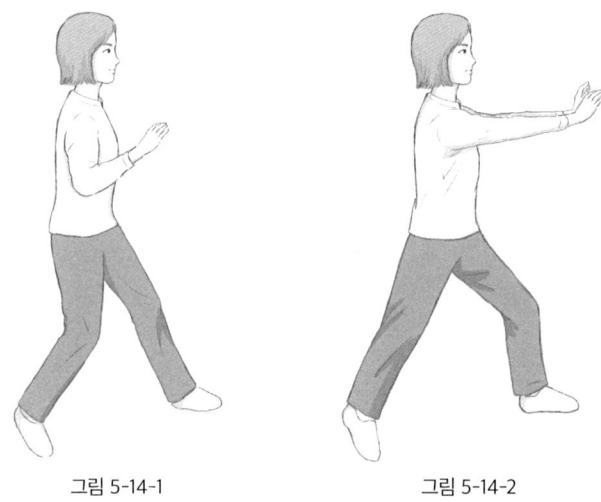

그림 5-14-1   그림 5-14-2

① 왼손을 오른손 팔꿈치 아래를 거쳐 양손을 어깨 넓이로 펼친 후, 체중을 오른발로 이동하며 양손을 가슴 앞으로 회수합니다 (그림 5-14-1 참조).

② 체중을 다시 오른발로 이동해 좌궁보左弓步를 이루며, 동시에 양손을 가슴 앞으로 밀어냅니다(그림 5-14-2 참조).

15) 15식 십자수 十字手

그림 5-15-1   그림 5-15-2

① 왼발 발끝을 내측으로 회전해 내팔자마보 內八字馬步 를 이룹니다. 동시에 몸통을 오른쪽으로 회전해 전방을 향하며, 양손 손바닥을 하늘을 향하게 해 머리 위로 들어 올립니다(그림 5-15-1 참조).

② 오른발을 왼발 측면으로 이동해 소정마보 小正馬步 를 이룹니다. 동시에 양손을 호선을 그리며 좌우로 펼쳐서 고관절 측면으로 이동 후, 다시 아랫배에서 십자 형태로 교차해 가슴 앞으로 올립니다(그림 5-15-2 참조).

16) 16식 수세收勢

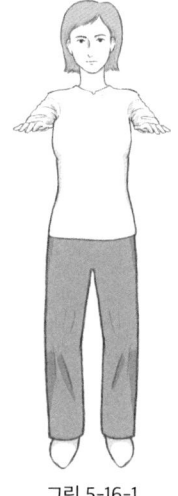

그림 5-16-1

그림 5-16-2

그림 5-16-3

① 양손을 뒤집어 손바닥이 지면을 향하게 하며 가슴 앞으로 밀어 어깨너비로 벌립니다(그림 5-16-1 참조).

② 양손 손바닥을 양쪽 고관절 측면까지 밀어 내립니다(그림 5-16-2 참조).

③ 양손끝을 아래로 내려뜨리며 호흡을 가다듬고, 전신을 이완시키면서 B·T 태극권 전체 동작을 마무리합니다(그림 5-16-3 참조).

참고문헌

- 가와시마 아키라, 『의사가 말하는 자연 치유력』, 이진원 옮김, 삼호미디어(2014)
- 고미 마사요시, 『골반 조정 건강법』, 송운하 옮김, 북피아(2005)
- 고미숙, 『동의보감, 몸과 우주 그리고 삶의 비전을 찾아서』, 북드라망(2012)
- 김용권, 『몸에 좋은 운동 돈이 되는 운동』, 무지개사(2006)
- 나가오 가즈히로, 『병의 90%는 걷기만 해도 낫는다』, 이선정 옮김, 북라이프(2016)
- 데이비드 프롤리·수바슈 라나데·아비나슈 렐레, 『아유르베다와 마르마 테라피』, 박애영 옮김, 슈리 크리슈나다스 아쉬람(2011)
- 레슬리 카미노프·에이미 매튜스, 『요가 아나토미』(개정판), 한유창·이종하·오재근 옮김, 푸른솔(2015)
- 레이 커즈와일·테리 그로스만, 『노화와 질병』, 정병선 옮김, 이미지박스(2006)
- 마쓰무라 다카시, 『하루 30초 뼈 스트레칭』, 이수경 옮김, 김영사(2016)
- 마쓰오 다카시, 『평생 걸을 수 있는 엉덩이 건강법』, 황미숙 옮김, 보누스(2018)
- 마이클 로젠가트, 『쓰리헵 운동』, 백형진 외 옮김, 대성의학사(2016)
- 마키 다카코, 『건강하게 오래 살려면 종아리를 주물러라』, 은영미 옮김, 나라원(2014)
- 문훈기, 『통증 잡는 스트레칭』, 예문아카이브(2016)
- 미쓰이시 이와오, 『의사가 우리에게 말하지 않는 것들』, 송소영 옮김, 도시락밴드(2015)
- 사이토 마사시, 『체온 1도가 내 몸을 살린다』, 이진후 옮김, 나라원(2010)
- 사토 세이지, 『진짜 건강하려면 운동하지 마라』, 김정환 옮김, 끌리는책(2016)
- 손태석, 『발가락이 내 몸을 고친다』, 국민건강플러스(2015)
- 송미연·조재홍, 『나는 통증 없이 산다』, 비타북스(2014)
- 시바타 히로시, 『고기 먹는 사람이 오래 산다』, 중앙북스(2014)

- 아보 도오루, 『50대가 꼭 알아야 할 건강 비법』, 박인용 옮김, 한언(2008)
- 아보 도오루, 『알기 쉬운 체온 면역학』, 김기현 옮김, 중앙생활사(2011)
- 안드레아스 모리츠, 『굶지 말고 해독하라』, 정진근 옮김, 에디터(2015)
- 와타모토 노보루, 『처음 시작하는 스트레칭 요가』, 오유리 옮김, 눈과마음(2004)
- 이승원, 『우리 몸은 거짓말하지 않는다』, 김영사(2006)
- 이시하라 유미, 『평생 살 안 찌게 먹는 법』, 이근아 옮김, 이아소(2009)
- 이시하라 유미, 『음식이 병을 만들고 음식이 병을 고친다』, 장은정 옮김, 삼호미디어(2013)
- 이철인, 『스포츠 상해와 신체 교정법』 금광(2008)
- 이타쿠라 키요코, 『내 손으로 고치는 생활 통증』, 조영희 옮김, 넥서스BOOKS(2006)
- 이토 카즈마, 『턱만 당겨도 통증이 사라진다』, 장은주 옮김, 위즈덤하우스(2015)
- 잭 캘럼·버트 벅슨, 멜리사 D. 스미스, 『탄수화물 중독증』, 인창식 옮김, 북라인(2006)
- 정원일, 『진식태극권실용권법』, 현문사(2021)
- 제임스 레바인, 『병 없이 살려면 의자부터 끊어라』, 이문영 옮김, 위즈덤하우스(2015)
- 조나단 베일러, 『칼로리의 거짓말』 김정한 옮김, 홍익출판사(2014)
- 조 시어비, 『알렉산더 테크닉』, 이명희 옮김, 예솔(2014)
- 최명희, 『자연치유를 부르는 아름다운 근육 테라피 PMT』, 아카데미북(2011)
- 최영희·신경림·김옥수·고성희·공은숙, 『노인과 건강』, 현문사(2014)
- 표상수, 『현성의 쟁기로 새 문명의 밭을 갈다』(총 6권), 화평제(2014)
- 하비 비겔슨, 『좋은 의사는 소염제를 처방하지 않는다』, 박병오 옮김, 라의눈(2018)
- Ornstein, Robert E.·Sobel, David, 『Healthy Pleasures』, Da Capo Press(1990)
- 國家體育總局健身氣功管理中心, 『健身氣功:易筋經 五禽戱 六字訣 八段錦』, 人民體育出版社(2005)